Martin Luther, Wilhelm Braune

An den christlichen Adel deutscher Nation des christlichen Standes Besserung

Martin Luther, Wilhelm Braune

An den christlichen Adel deutscher Nation des christlichen Standes Besserung

ISBN/EAN: 9783743680258

Hergestellt in Europa, USA, Kanada, Australien, Japan

Cover: Foto ©Lupo / pixelio.de

Weitere Bücher finden Sie auf **www.hansebooks.com**

Flugschriften aus der Reformationszeit. I.

Martin Luther

An den christlichen Adel deutscher Nation

von des christlichen Standes Besserung.

(1520.)

Zweite Auflage.

Halle a. S.
Max Niemeyer.
1897.

Einleitung.

Seit dem Erscheinen der ersten Auflage dieses Neudrucks (1877) hat Luthers Sendschreiben an den christlichen Adel die Forschung vielfach beschäftigt. Voran steht die Bearbeitung der Schrift durch Knaake im 6. Bande der Weimarischen Lutherausgabe (1888) mit ihrem kritischen Texte und der tiefeindringenden Einleitung des Herausgebers. Für die sachliche Erläuterung des Einzelnen war schon vorher durch die mit fortlaufendem Commentar versehenen, den Text modernisierenden Ausgaben von Ernst Kuhn, Berlin 1870 (= Histor. polit. Bibliothek VI) und von Karl Benrath, Halle 1884 (= Schriften des Vereins für Reformationsgeschichte 4) erspriessliches geleistet worden, wozu Knaake in den Anmerkungen seiner Ausgabe noch wertvolle Nachträge geliefert hat. Das gesamte Gedankenmaterial der Schrift ist durchgeprüft und auf seine Quellenbeziehungen hin untersucht in dem Buche von Walther E. Köhler: 'Die Quellen zu Luthers Schrift an den christlichen Adel deutscher Nation, ein Beitrag zum Verständniss dieser Schrift Luthers'. Halle 1895; vgl. dazu die wichtigen Recensionen von Kolde, Gött. gel. Anz. 1897 (VI) 425—436 und von Kawerau, Zeitschr. f. deutsche Philologie 30, 136—141. — Viel erörtert ist in den letzten Jahrzehnten die Frage, inwieweit Luthers Auftreten als Politiker und sein systematisches Bekämpfen des gesamten römischen Kirchentums, wie es in unserer Schrift zuerst sich zeigt, beeinflusst sei durch die Humanisten und insbesondere durch Anlehnung an Hutten und dessen kurz vorher erschienene Flugschriften. Eine ausführliche litterarhistorische Uebersicht über diese Streitfrage giebt Köhler, S. 3—21. Hier genüge es hervorzuheben, dass besonders Kampschulte (1860) Luthers Beeinflussung durch die Humanisten stark betont hatte, während Knaake in der 'Voruntersuchung' zu seiner Ausgabe die gegenteilige Ansicht zu erhärten unternahm. Dagegen führen die Untersuchungen von Köhler im wesentlichen auf den Standpunkt Kampschultes zurück. Mir scheint es nach alledem wahrscheinlich, dass zwar die Annahme eines tiefgreifenden Einflusses der Humanisten auf Luthers Persönlichkeit abzulehnen ist, dass aber doch andererseits Luther zu diesem seinen Auftreten mit veranlasst wurde durch die enger gewordenen Beziehungen zu dem humanistischen, deutschpatriotischen und Romfeindlichen Adel, und dass auch Huttens Vadiscus ihm bei Abfassung seiner Schrift einige Anregungen geliefert hat.

Luthers Sendschreiben an den christlichen Adel erschien im August 1520 in Wittenberg, gedruckt bei Melchior Lotther. Von diesem wurde es mehrmals aufgelegt und auch durch Leipziger, Baseler und Strassburger Nachdrucke verbreitet. Die zweite Ausgabe Lotthers, die noch 1520 erschien, wurde von Luther selbst durchgesehen und durch Zusätze erweitert. Ein kritisches Verzeichnis der alten Drucke giebt Knaake in seiner Einleitung, auf welche ich hier einfach verweise. Für das ausserordentliche Aufsehen, welches diese Schrift gleich bei ihrem Erscheinen verursachte, sprechen nicht nur die zahlreichen Drucke und Nachdrucke, sondern auch die Gegenschriften, welche sie hervorrief. Die wichtigste ist die von Hieronymus Emser (wiber das vnchristenliche buch Martin Luters Augustiners, an den Tewtschen Abel außgangen) Leipzig 1521, welche die berühmte Polemik zwischen Luther und Emser veranlasste: sie ist in diesen Neudrucken 83.84 (Luther u. Emser, hg. von Ludwig Enders Bd. I) wieder veröffentlicht worden. Die Gegenschrift des Thomas Murner (An ben Großmechtigsten vnd Durchlüchtigsten abel tütscher nation das ſye ben chriſtlichen glauben beſchirmen, wyber ben zerſtörer des glaubens Chriſti, Martinum luther einen verfierer ber einfeltigen chriſten), welche in Strassburg noch Ende des Jahres 1520 erschien, wird ebenfalls demnächst in die Sammlung der Neudrucke aufgenommen werden.

Diesem Neudrucke liegt die erste Wittenberger Ausgabe (A) zu Grunde, unter Hinzuziehung der zweiten Originalausgabe (B), die von Luther selbst 'gemehret und corrigirt' ist. Es sind das die auch von Knaake als A und B bezeichneten Ausgaben.

A. Unser Text ist Abdruck von A, dessen Titel auf S. 1 unserer Ausgabe nachgebildet worden ist. Der Druck A enthält 11³/₄ Bogen in 4°, mit den Signaturen 𝔄—𝔐. Orthographie und Interpunktion des Originals sind in unserem Neudruck genau wiedergegeben. Dagegen sind die Abkürzungen des Originals aufgelöst worden. In deutschen Wörtern begegnet an solchen ausser wenigen d' (= der) sehr häufig nur der übergelegte Strich, welcher in der grossen Masse der Fälle durch n aufzulösen war (z. B. ſtād = ſtand, ſuchē = ſuchen). Häufig steht der Strich auch in vn̄, welches ich stets durch vnd wiedergegeben habe, während ausgeschrieben neben vnd auch vnnd steht. In einer geringeren Zahl von Fällen war der Strich durch m aufzulösen, z. B. (Euangeliū 7₃₁*), furgenōmen 3₂₄ und öfter in der Dativendung des Adjectivs. Freilich kann in letzterem Falle Zweifel bleiben, da vereinzelt auch ausgeschrieben sich en als Dativendung findet, so 37₂₉ von ÿhren rechten vorſtand A (vō ÿhrē B); doch ist der Regel nach em ausgeschrieben, so dass ich beim Dativ das ē des Originals in dieser Ausgabe consequent in em aufgelöst habe (s. u. S. VIII). In lateinischen Wörtern kommt noch weiteres vor, so einige 9 für ⸗uś in Chriſtuś und einmal in virtus 47₂₉, ebenda einmal 7 für et. Nicht aufgelöst sind die durch Punkte abgekürzten Eigennamen, in denen lateinische Endungen zu ergänzen sind, wie Eccleſi. für Eccleſiaſteś 3₈, Johan. für Johanni 62₂ oder Johannem 63₁₄. Ebenso habe ich den Strich stehen lassen in Theſſaloniceñ. 16₃₇ (für Theſſalonicenſibus), Conſtantien̄ 62₁ (für Conſtantienſi) und Tren̄. 72₁ (für Trenorum), während ich in der 1. Ausgabe nn für diese n̄ eingesetzt hatte.

Folgende Druckfehler des Originals sind nach B verbessert: 7₇ das erste Mal Concila; 9₂₀ gleich wia; 12₃₂ frume] ſtume; 18₃₈ Endtchiſtś; 27₆ ertichten] ertlichten; 28₂₀ ehander; 28₃₄ hurhehßer; 34₂₀ niemabnt; 36₂₀ lehcfertigen; 39₃₅ Bapſt] Baſt; 42₃₁.₃₂ außrichtenn] auffrichtenn; 45₁₂ ſich] ſieh; 47₂₂ allein]

---

*) Die Citate stets nach Seiten- und Zeilenzahlen unseres Drucks.

allen; 47₃c vbirfallenb; 48₂₀ ẏgilcher; 51₃₃ ʒeẏlich; 57₆ vnß] auß; 57₁₂ gleſſereẏ; 60₁₃ enthaltung; 62₁₇ Zum .xxxiij.; 66₈ ʒeẏlichen; 66₂₇ etſchulbigt; 72₁₇ geſchickiſten.

B. Die zweite Originalausgabe umfasst 12½ Bogen in 4⁰; signiert A—M, wobei Bogen M 6 Blätter enthält mit leerer letzter Seite. Der Titel ist: An ben Chriſtlichenn | Abel beutſcher Nation: | von beß Chriſtlichen | ſtanbeß beſſerung: | D. Martinuß | Luther. | Durch ẏhn ſelbß ge= | mehret vnb corrigirt | Wuittemberg. Der Titel hat eine Holzschnitteinfassung, in welcher oben das Wittenberger Wappen befindlich ist. (Facsimile in der Ausgabe von Benrath und in Koenneckes Bilderatlas).

B unterscheidet sich von A hauptsächlich durch drei Zusätze Luthers. Dieselben sind unserem Drucke an den betreffenden Stellen in Petitschrift eingefügt: 1) Seite 40₁₇ — 41₇ (= F 4ᵇ—G 1ª in B). — 2) Seite 72₃₃—75₄₄ (= L 4ᵇ—M 3ª in B). Hier besteht der Zusatz in einem ganzen Hauptstücke 'Zum .xxvi.'. Das folgende Stück (Zum .xxvi. in A) trägt daher in B die Bezeichnung 'Zum .xxvij.'. — 3) Seite 79₃₅—₃₉ der zwischen Das ſey biß mal gnug, und Ich acht auch wol stehende Satz.

Am Schlusse des Druckes B steht: Zu Wittemberg, Im Jar. M. D. xx.

Die übrigen Abweichungen von B sind nicht sehr erheblich. Auch die Orthographie ist in beiden Drucken fast ganz übereinstimmend. Es zeigen z. B. unsere beiden Drucke in der Widmung (Seite 3 u. 4) nur folgende orthographische Differenzen: 3₈ ʒeit A; ʒeẏt B; 3₁₂ ſeiner A, ſeẏner B; 3₁₆ mẏrß A, mirß B; 3₂₀ vnb A, vnnb B; 3₂₂ vortweẏß A, wortweẏß B (Druckfehler); 3₂₇ niemant A, niemanbt B; 3₃₄ werben A, werbenn B; 4₁ wollet A, wolt B. — In der weit überwiegenden Anzahl der Fälle stimmen aber beide Drucke auch da überein, wo eine verschiedene Orthographie möglich wäre.

Die sonstigen wirklich abweichenden Lesarten von B werden im folgenden vollständig aufgeführt. Nur einige von ihnen können als Verbesserungen des Textes gelten. Luthers Thätigkeit bei der zweiten Ausgabe beschränkte sich also wohl im wesentlichen auf die oben angegebenen Zusätze. 8₂₉ wart A, war B; 9₁₉ geẏſtlichß A, gleichß B; 12₁₂ mach A, macht B; 14₄ in einē A, in einem B; 25₃₁ ʒuuor liehen A, ʒuuor= leẏhen B; 28₁ vollen fehlt B; 28₁₃ leſterlicher A, leſterlich B;

29_9 man fehlt B; 32_{27} auch fehlt B (ſo weit das); 33_{10} Apoſteln A, Apoſtel B; 34_{21} ſondern mocht das thun A, Aber diſſe mocht man beſolben B; 34_{23} hochvorſtenbigen B; 35_{13} gunſt fehlt B; $35_{25.26}$ Narrenn ſe A, Sie narrenn B; 35_{31} bē Turcken A, bem T. B; 41_{12} ſehn A, ſeh B; 42_{39} er iſt A, hhr iſt B; 43_{29} ſtrehttenb A, ſtrehtten B; 45_{30} on ehlich B (ein fehlt); $47_{12.13}$ geſchwetz A, ſchwetz B; 49_{20} es fehlt B; 53_{13} ba es A, bas es B; 55_{23} ſund gnug A, gnug ſund B; 56_{20} biſſer letzenn ergiſten zeht B; 57_{2} machen fehlt B; 60_{38} recht A, gut B; 61_{19} nie A, nit B: 65_{12} ben A, ban B; 65_{36} mehr fehlt B; 69_{6} des Bapſt A, des Bapſts B; 71_{6} Die Theologiſche bucher B; 71_{10} hehligen alt vetter B; 71_{11} in ſchrifft B; $72_{16.17}$ allerſchicktiſten B.

Kn. Die Ausgabe von Knaake (W. A. VI, 404—469) ist für diesen Druck — neben der Nachvergleichung des Originals — hinzugezogen worden. An der Spitze unserer Seiten sind die entsprechenden Seiten- und Zeilenzahlen Knaakes in eckiger Klammer angegeben, so dass Citate nach der Weimarischen Ausgabe leicht aufgefunden werden können. Kn. legt seinem kritischen Texte ebenfalls A zu Grunde und verzeichnet in den Lesarten ausser den Abweichungen von B vollständig auch noch die des folgenden Lottherschen Drucks (C), an welchem aber Luther selbst kaum mitgewirkt hat.

Von unserem Texte weicht der von Kn. insofern ab, als er die Interpunktion des Originals durch moderne ersetzt und die Orthographie in einigen Kleinigkeiten ändert. Auch die oben unter A besprochenen Abkürzungen lateinischer Endungen löst Kn. meist auf, indem er z. B. Johanni oder Johannem für Johan. einsetzt. Ausserdem hat er den Text von A verlassen: 1) In Uebereinstimmung mit B ändert Kn. die auch von uns korrigierten Stellen, welche oben unter A aufgezählt sind; ausser diesen aber noch die folgenden oben unter B aufgeführten, indem er schreibt: 9_{19} gleichs; 25_{31} zuvor= lehhen; 35_{13} gunſt gestrichen; $35_{25.26}$ Sie narrenn; 35_{31} bem Turcken (in unserem Texte ben nach bē A, da auch sonst Turcke von Luther bald als Singular bald als Plural angewandt wird, vgl. z. B. Seite 21); auch 61_{38} schreibt Kn. bem Turcken (bē AB); 71_{6} Die Theologiſche bucher. — 2) Gegen die Uebereinstimmung von AB korrigiert Kn. (teils mit anderen Drucken, teils gegen alle alten Ausgaben): 8_{31} Evangely (statt Euangelij), ebenso $14_7.71_{21}.73_5$; 9_{10} inbelebiles; 9_{23} 1. Pet. ij.; 12_{38} i. Corint. xliiij.; 14_{25} kummen AB] kunnen; 19_{24} ſie vor zehen zugeſetzt; 30_{22} heyligem (heiligē AB, heiligen C); 31_9 i. Pet. ij; 33_5 Concilh; 37_{20} yhrem (s. oben unter A); 37_{39} i. Petrus ij; 41_{39} yhren; 46_{22} kriechſchen; 49_{26} i. Corint. x.; 50_{18} irregularitet, ebenso 52_1 (irreguliriter B); 53_9 werden] worden; 65_{26} nicht vor weßenlich zugefügt; 69_{20} vbir bem (bē AB) namen; 69_{23} i. Corint.; 70_{13} des (statt das AB) Euang.; 70_{35} panethen AB] parrethen; 75_{25} waren B] war. Die meisten dieser Aenderungen wird man als Verbesserungen des Textes anerkennen dürfen.

Zuletzt führe ich noch alle diejenigen Stellen an, in welchen diese Ausgabe von unserer ersten abweicht, da deren Lesarten von Kn. in seinen Varianten verzeichnet sind. Den früher nur in der Einleitung mitgeteilten Satz aus B 79_{35}—$_{39}$ habe ich jetzt dem Texte eingefügt. Nach B habe ich jetzt 45_{12} und 57_8 geschrieben (s. oben unter A). Ferner sind die schon oben S. V besprochenen Aenderungen in der Auflösung des Abkürzungsstriches bei den lateinischen Formen ($16_{37}.62_1.72_1$) und bei den Dativendungen zu erwähnen: ich habe jetzt einem statt einen (einē A) eingesetzt $7_9.8_{13}.8_{16}.19_{32}.44_{34}$, bem statt ben (bē A) $28_{26}.62_5.76_{13}$, ſeinem 19_{39}, beinem 61_{28}. — Endlich waren folgende Druckfehler der ersten Ausgabe zu berichtigen: 6_{39} brey; 11_{36} geſchworen; 13_{32} genug; 18_{20} eine; 21_{19} brauff; 26_{32} xliii; 28_{22} an ben tag; 43_{11} yberhebe; 45_{20} arme; $46_{32\cdot33}$ keuſchheit; 59_6 kloßer; 60_9 was; 64_{18} geſchah; 72_{22} barumb; 75_{32} Nun.

An den Christlichen Adel deutscher Nation: von des Christlichen standes besserung: D. Martinus Luther.

Wittenberg.

[A 2ᵃ] **Dem Achtparn vnd wirdigen**
herren, Er Nicolao von Amßdorff, der heyligen schrifft
Licentiat vnd Tumhern zu Wittenberg, meynem besundern
gunstigen freundt.

D. Martinus Luther.

¶ Gnad vnd frid gottis zuuor, Achtpar, wirdiger lieber
herr vnd freunt. Die zeit des schweygens ist vorgangen,
vnd die zeit zureden ist kommen, als Ecclesi. sagt, Ich hab
vnserm furnehmen nach, zusammen tragenn etlich stuck
Christlichs stands besserung belangend, dem Christlichenn
Adel deutscher Nation furzulegen, ob got wolt doch durch
den leyen standt seiner kirchen helffen. Seintemal der
geistlich stand, dem es billicher geburt, ist gantz vnachtsam
worden. Sende das alles ewr wirde dasselb zurichten,
vnnd wo es not ist, zubessern. Ich bedenck wol, das
myrß nit wirt vnuorweyst bleybenn, als vormeß ich mich
zuhoch, das ich vorachter, begebner mensch, solche hohe
vnnd grosse stende thar anreden, in ßo trefflichen grossen
sachen, als were sonst niemant in der welt, dan Doctor
Luther, der sich des Christenlichen stands annehme, vnd ßo
hochuorstendigen leutten radt gebe. Ich laß mein ent-
schuldigung anstehen, vorweyß mirs wer do wil, Ich bin
villeicht meinem got vnd der welt, noch eine torheit schul-
dig, die hab ich mir itzt furgenommen, ßo myrs gelingenn
mag, redlich zalen, vnnd auch ein mal hoffnar werden,
gelyngt mir nit, ßo hab ich doch ein vorteil, darff mir
niemant eine kappenn kauffenn, noch den kamp bescheren.
Es gilt aber, wer dem andern die schellen anknupfft, Ich
muß das sprichwort erfullenn, Was die welt zuschaffenn
hat, da muß ein munch bey sein, vnd solt man yhn dazu
malen. Es hat [A 2ᵇ] wol mehr mal, ein nar weyßlich
geredt, vnnd viel mal weyße leut, groblich genarret. wie
Paulus sagt, wer do wil weyß sein, der muß ein nar
werden. Auch dieweyl ich nit allein ein narr, sondern
auch ein geschworner Doctor der heyligenn schrifft, byn ich
fro, das sich mir die gelegenheyt gibt meynem eyd, eben

in der selben narn weyße, gnug zuthunn. Ich bit, wollet mich entschuldigen, bey den messig vorstendigen, den der obirhochvorstendigen gunst vnd gnad, weyß ich nit zuuordienen, wilch ich ßo offt mit grosser muhe ersucht, nw fort auch nit mehr haben noch achtenn wil. Got helff vns, das wir nit vnßer, sondern allein seine ehre suchen Amen. Zu Wittenberg, ym Augustiner Closter, am abent S. Johannis baptistae. Im Tausent funffhundert vnd zwentzigsten Jar.

[A 3ᵃ] Der allerdurchleuchtigisten, Großmechtigisten Keyserlichen Maiestet, vnd Christlichem Adel deutscher Nation.

D. Martinus Luther.

Gnad vnd sterck von Got zuuor, Allerdurchleuchtigister, gnedigste, liebenn hernn. Es ist nit auß lautter furwitz noch freuel geschehenn, das ich eyniger armer mensch mich vnterstanden, fur ewrn hohen wirden zu redenn, die not vnd beschwerung, die alle stend der Christenheit, zuuor deutsche landt, druckt, nit allein mich, ßondern yderman bewegt hat, viel mal zuschreyen, vnd hulff begeren, hat mich auch itzt zwungen zuschreyen, vnnd ruffen, ob got yemand den geyst geben wolt, seine hand zureychen der elenden Nation. Es ist offt durch Concilia etwas furgewant, aber durch etlicher menschen list, behendiglich vorhyndert vnd ymmer erger worden, wilcher tuck vnd boßheit, ich itzt, got helff mir, durchleuchten gedenck, auff das sie erkant, hynfurt nit mehr, so hynderlich vnd schedlich sein mochten. Got hat vns ein iungs ebliß blut zum heubt geben, damit viel hertzen zu groser guter hoffnung erweckt, daneben, wil sichs zymen, das vnser datzu thun, vnd der zeit vnd gnade nutzlich brauchen.

¶ Das erst, das in disser sachen furnehmlich zuthun ist, das wir vns yhe fursehen, mit grossem ernst, vnd nit etwas anheben, mit vortrawen grosser macht obder vornunfft, ob gleich aller welt gewalt vnser were, dan got mag vnd wils nit leyden, das ein gut werck werde angefangen, in vortrawen, eygener macht vnd vornunfft. Er stosset es zu poden, da hilfft nichts fur, wie ym .xxxiij. psalm stet, Es wirt kein kunig bestehen, durch seine grosse macht, vnd kein her durch die große seiner sterck. Vnd auß dem grund sorg ich sey es vortzeyten kummen, [A 3ᵇ] das die theuren fursten, keyßer Fridrich der erst, vnd der ander vnd vil mehr deutscher keyßer, ßo iemerlich sein von den Bepsten mit fussen tretten vnd vordruckt, fur wilchen sich doch die welt furchtet, Sie haben sich villeicht vorlassen auff yhre macht, mehr dan auff got, drumb haben sie mussen fallen. Vnd was hat zu vnsern zeiten, den blutſeuffer Julium ſecundum ßo hoch erhaben, dan das ich beſorg, Franckreich, deutſchen vnd Venedige haben auff ſich ſelb bawet. Es ſchlugen die kinder beniamin zwei vnd viertzig tauſend Jſraeliten, darvmb das ſie ſich auff yhre ſterck vorlieſſen Judic. xix.

Das vns auch nit ßo gelinge, mit diſſem edlen blut Carolo, muſſen wir gewiß ſein, das wir in diſſer ſach nit mit menſchen, ßondern mit den furſten der hellenn handelen, die wol mugen mit krieg vnd blut vorgiſſen die welt erfullenn, aber ſie laſſen ſich damit nicht vberwinden. Man muß hie mit einem vortzag leyplicher gewalt, in demutigem vortrawen gottis, die ſach angreyffen, vnd mit ernſtlichem gebet hulff bey got ſuchenn, vnd nichts anders in die augen bilden, dan der elenden Chriſtenheit iamer vnd not, vnangeſehen was boß leut vordienet haben, wo das nit, ßo ſol ſichs ſpiel wol laſſen anfahenn mit groſſem ſchein, aber wen mann hynein kumpt, ſollen die boßen geiſt, ein ſolch yrrung zurichten, das die gantz welt muſt ym blut ſchweben, vnnd dennocht damit nichts außgericht, drumb laſt vns hie mit furcht gottis vnd weyßlich handelen. Yhe groſſer die gewalt, yhe groſſer vngluck, wo nit in gottis furcht vnd demut gehandelt wird. Haben die Bepſte vnd Romer bißher mugen durch teuffels hulff, die kunig in einander werren, ſie mugens auch noch wol thun ßo wir on gottis hulff, mit vnſer macht vnd kunſt faren.

¶ Die Romaniſten haben drey mauren, mit groſſer [A 4ᵃ] behendickeit, vmb ſich zogen, damit ſie ſich bißher beſchutzt, das ſie niemant hat mugenn reformierenn, dadurch die gantz Chriſtenheit, grewlich gefallen iſt. Zum erſten, wen man hat auff ſie drungen, mit weltlicher gewalt, haben ſie geſetzt vnd geſagt, weltlich gewalt habe nit recht, obir ſie, ſondern widderumb, geyſtlich ſey obir die weltliche. Zum andern, hat man ſie mit der heyligen ſchrifft wolt ſtraffen, ſetzen ſie da kegen, Es gepur die ſchrifft niemant außzulegenn, den dem Bapſt. Zum dritten drewet man yhn mit einem Concilio, ßo ertichten ſie, es muge niemant ein Concilium beruffen den der Bapſt. Alßo haben ſie die drey rutten vns heymlich geſtolen, das ſie mugen vngeſtrafft ſein, vnd ſich in ſicher befeſtung diſſer dreyer maur geſetzt, alle buberey vnd boßheit zutreyben, die wir dan itzt ſehen, vnd ob ſie ſchon ein Concilium muſten machen, haben ſie doch daſſelb zuuor mat gemacht, damit, das ſie die furſten zuuor mit eyden vorpflichten, ſie bleyben zulaſſen, wie ſie ſein. dartzu dem Bapſt vollen gewalt geben vbir alle ordnung des Concilii, alßo das gleich gilt, es ſein vil Concilia odder kein Concilia, on das ſie vns nur mit laruen vnd ſpiegelfechten betriegen, ßo gar greulich furchten ſie der haut fur einem rechten freyen Concilio. vnd haben damit kunig vnd furſten ſchochter gemacht, das ſie glewben es were widder got, ßo man yhn nit gehorchte in allen ſolchen ſchalckhafftigen liſtigen ſpugniſſen.

Nu helff vns got vnd geb vns der Baſaunen eine, do mit die mauren Hiericho wurden vmbworffenn, das wir diße ſtroeren vnd papyren mauren auch vmbblaſſen, vnd die Chriſtlichen rutten, ſund zuſtraffenn loß machen, des teuffels liſt vnd trug an tag zubringen, auff das wir durch ſtraff vns beſſern, vnnd ſeine huld widder erlangen.

[A 4ᵇ] ¶ Wollen die erſte maur am erſten angreyſſenn. Man hats erfunden, das Bapſt, Biſchoff, Prieſter, Kloſter volck, wirt der geyſtlich ſtand genent, Furſten, Hern, handtwercks vnd ackerleut, der weltlich ſtand, wilchs gar ein feyn Comment vnd gleyſſen iſt, doch ſol niemant darub ſchuchter werden, vnnd das auß dem grund. Dan alle Chriſten, ſein warhafftig geyſtlichs ſtands, vnnd iſt vnter yhn kein vnterſcheyd, denn des ampts halben allein. wie Paulus .i. Corint. xij. ſagt, das wir alle ſampt eyn Corper ſeinn, doch ein yglich glid ſein eygen werck hat, damit es den andern dienet, das macht allis, das wir eine tauff, ein Euangelium, eynen glauben haben, vnnd ſein gleyche Chriſten, den die tauff, Euangelium vnd glauben, die machen allein geiſtlich vnd Chriſten volck. Das aber der Bapſt odder Biſchoff ſalbet, blatten macht, ordinirt, weyhet, anders dan leyen, kleydet, mag einen gleyſner vnd olgotzen machen, macht aber nymmer mehr, ein Chriſten odder geyſtlichen menſchen. Dem nach ßo werden wir alleſampt durch die tauff zu prieſtern geweyhet. wie ſanct Peter .i. Pet. ij. ſagt, yhr ſeit ein kuniglich prieſterthum, vnd ein prieſterlich kunigreych. Vnd Apoc. Du haſt vns gemacht durch dein blut zu priestern vnd kunigen. dan wo nit ein hoher weyhen in vns were, den der Bapst obber Bischoff gibt, ßo wurd nymmer mehr durch Bapsts vnnd Bischoff weyhen ein priester gemacht, mocht auch noch meß halten, noch predigenn, noch absoluieren.

Drumb ist des Bischoffs weyhen nit anders, den als wen er an stat vnd person der gantzen samlung, eynen auß dem hauffen nehme, die alle gleiche gewalt haben, vnd yhm befilh, die selben gewalt, fur die andern außzurichten, gleich als wen tzehen bruder, kuniges [B 1ᵃ] kinder gleich erben, einen erweleten, das erb fur sie zuregieren, sie weren yhe alle kunige vnd gleicher gewalt, vnd doch einem zuregieren befolen wirt. Vnd das ichs noch klerer sag, Wen ein heufflin fromer Christen leyen wurden gefangen vnnd in ein wusteney gesetzt, die nit bey sich hetten einen geweyheten priester von einem Bischoff, vnnd wurden alda der sachen eyniß, erweleten eynen vnter yhn, er were ehlich obber nit, vnd befilhen ym das ampt zu teuffen, meß halten, absoluieren, vnd predigenn, der wer warhafftig ein priester, als ob yhn alle Bischoffe vnnd Bepste hetten geweyhet. Daher kumpts, das in der not, ein yglicher teuffen vnd absoluieren kan, das nit muglich were, wen wir nit alle priester weren. Solche groß gnad vnd gewalt der tauff vnd des Christlichen stands, haben sie vns durchs geystlich recht fast nidergelegt vnd vnbekannt gemacht. Auff disse weyße erweleten vortzeiten, die Christen auß dem hauffen yhre Bischoff vnd priester, die darnach von andern Bischoffen wurden bestetiget, on alles prangen das itzt regirt, Szo wart sanct Augustin, Ambrosius Cyprianus Bischoff.

Die weyl dan nu die weltlich gewalt, ist gleych mit vns getaufft, hat den selben glauben vnnd Euangelij, mussen wir sie lassen priester vnd Bischoff sein, vnd yr ampt zelen, als ein ampt das da gehore vnd nutzlich sey, der Christenlichen gemeyne. Dan was auß der tauff krochen ist, das mag sich rumen, das es schon priester Bischoff vnd Bapst geweyhet sey, ob wol nit einem yglichen zympt, solch ampt zubben. Dan weyl wir alle gleich priester sein, muß sich niemant selb erfur thun, vnd sich vnterwinden, an vnßer bewilligen vnd erwelen, das zuthun, des wir alle gleychen gewalt haben, Den was gemeyne ist, mag niemandt on der gemeyne [B 1ᵇ] willen vnd befehle an sich nehmen. Vnd wo es geschehe das yemandt erwelet zu solchem ampt, vnd durch seinen mißprauch, wurd abgesetzt, ßo were ehr gleich wie vorhyn. Drumb solt ein priester stand nit anders sein in der Christenheit, dan als ein amptmann, weil er am ampt ist, geht er vohr, wo ehr abgesetzt, ist ehr ein bawr obder burger wie die andern. Alßo warhafftig ist ein priester nymmer priester, wo er abgesetzt wirt. Aber nu haben sie ertichtet Caracteres indelibiles, vnd schwetzen, das ein abgesetzter priester, dennocht, etwas anders sey, dan ein schlechter leye. Ja sie trewmet, Es mug ein priester nymmer mehr anders den priester obder ein ley werden, das sein alles menschen ertichte rede vnd gesetz.

Szo folget auß dissem, das leye, priester, fursten, bischoff, vnd wie sie sagen, geistlich vnd weltlich, keynen andern vnterscheyd, ym grund warlich haben, den des ampts obder wercks halben, vnnd nit des stands halbenn, dan sie sein alle geystlichs stands warhafftig priester, bischoff, vnd bepste, aber nit gleichs eynerley wercks, gleich wie auch vnter den priestern vnd munchen nit eynerley werck ein yglicher hat. Vnnd das ist sanct Paul Ro. xij. vnd .i. Corint. xij. vnnd Petrus .i. Pet. iij. wie ich droben gesagt, das wir alle ein corper sein des heubts Jesu Christi, ein yglicher des andern glidmaß. Christus hat nit zwey noch zweyerley art corper, einen weltlich den andern geistlich. Ein heubt ist, vnd einen corper hat er.

Gleych wie nw die ßo mann itzt geystlich heyst, obder priester, bischoff obder bepst, sein von den andern Christen nit wehtter noch wirdiger gescheyden, [B 2ᵃ] dan das sie das wort gottis vnnd die sacrament sollen handeln, das ist yhr werck vnnd ampt. Alßo hat die weltlich obirkeit, das schwert vnnd die ruttenn in der hand, die boßen damit zustraffenn, die frummen zuschutzen. Ein schuster, ein schmid, ein bawr, ein yglicher seyns handtwercks, ampt vnnd werck hat, vnnd doch alle gleich geweyhet priester vnd bischoffe, vnnd ein yglich sol mit seinem ampt obder werck, denn andern nutzlich vnnd dienstlich sein, das alßo viellerley werck, alle in eine gemeyn gerichtet sein,

leyp vnd sellen zufobdern, gleich wie die glidmaß des
corpers alle eyns dem andern dienet.

Nu sich, wie Christlich das gesetzt vnd gesagt sey,
weltlich vbirkeit sey nit vber die geystlickeit, sol sie auch
nit straffenn. Das ist eben ßouil gesagt, die handt sol
nichts datzu thun, ob das aug groß nodt leydet, Ists nit
vnnaturlich, schweyg vnchristlich, das ein glid dem andern
nit helffen, seinem vorterben nit weren sol? Ja yhe
edler das glidmaß ist, yhe mehr die andern yhm helffen
sollen. Drumb sag ich, die weil weltlich gewalt von got
georduet ist die boßen zustraffenn, vnd die frumen zuschutzen,
ßo sol man yhr ampt lassen frey gehn vnuorhyndert
durch den gantzen corper der Christenheit, niemants an-
gesehen, sie treff Bapst, Bischoff, pfaffen, munch, Nonnen,
obder was es ist. Wen so das gnug were, die weltlich
gewalt zuhyndern, das sie geringer ist vnter den Christlichen
empten, den der prediger vnd beichtiger ampt, obder geyst-
liche stand, ßo solt mann auch vorhyndern, den schneydern,
schustern, steynmetzenn, tzymmerleutenn, koch, kelnern, bawrn,
vnd alle zeitlichen handtwercken, das sie dem Bapst,
Bischoffen, Priestern, Munchen, kein schu, kleider, hauß,
essen, trincken machten, noch tzynß geben. [B 2ᵇ] Lessit
man aber diesen leyen yhre werk vnuorhindert, was machen
den die Romischen schreyber, mit yhren gesetzen, das sie
sich außtzihen auß dem werck weltlicher Christlicher gewalt,
das sie nur frey mugen boß sein, vnd erfullen was sanct
Peter gesagt hat, Es werden falsch meyster vnter euch er-
stehen, vnd mit falschen ertichten wortten mit euch vmb-
gehen, euch ym sack zu vorkeuffen.

Drumb sol weltlich Christlich gewalt yhr ampt vben
frey vnuorhyndert, vnangesehen obs Bapst, bischoff, priester
sey den sie trifft, wer schuldig ist der leyde, was geistlich
recht da midder gesagt hat, ist lauter ertichtet Romisch
vormessenheit. den also sagt sanct Pauel allen Christen,
Ein ygliche seele (ich halt des Bapsts auch) sol vnterthan
sein der vbirkeit, den sie tregt nit vmbsonst das schwert,
sie dienet got damit, zur straff der bosen, vnd zu lob den
frumen. Auch sanct Petrus, Seyt vnterthan allen mensch-
lichen ordnungen vmb gottis willen, der es ßo haben wil.

Er hats auch vorkundet, das kummen wurden solch menschen, die die weltlich obirkeit wurden furachtenn .ij. Pet. ij. wie dan geschehenn ist durch geystlich recht.

Also meyn ich, disse erste papyr maur lig darnyder, seyntemal, weltlich hirschafft, ist ein mitglib worden des Christlichen Corpers, vnnd wie wol sie ein leyplich werck hat, doch geystlichs stands ist, darumb yhr werck sol frey vnuorhindert gehen, in alle glidmaß des gantzen corpers, straffen vnd treyben, wo es die schuld vordienet odder not sodbert, vnangesehen, Bapst, Bischoff, priester, sie drewen odder bannen, wie sie wollen. Da her kompts, das die schuldigenn priester, ßo man sie in das weltlich recht vberantwortet, zuuor entsetzt werden priesterlicher wirden, das doch nit recht [B 3ᵃ] were, wo nit zuuor auß gotlicher ordnung das weltlich schwert, obir die selben gewalt hette. Es ist auch zuuiel, das man ßo hoch ym geystlichen recht hebt, der geistlichen freyheit, leyp vnnd gutter, gerad als weren die leyen nit auch ßo geistlich gute Christen als sie, odder als gehorten sie nichts zur kirchen. Warumb ist dein leyp, leben, gut vnd ehr ßo frey, vnd nit das meyne, ßo wir doch gleich Christen sein, gleich tauff, glaubenn, geyst vnd alle ding haben? Wirt ein priester erschlagen ßo ligt ein Land ym Interdict, warumb auch nit wen ein bawr erschlagen wirt? wo kumpt her solchs groß vnterscheyd, vnter den gleychen Christenn? allein auß menschen gesetzen vnd tichten.

Es muß auch kein gutter geyst sein, der solch außzug erfunden, vnd die sund frey vnstrefflich gemacht hat, dan ßo wir schuldig sein, widder den boßen geist seine werck vnd wort, zu streytten, vnd yhn vortreyben wie wir mugen, als vns Christus gepeut vnd seine Aposteln. wie kemen wir dan dazu, das wir solten stil halten vnd schweygen, wo der Bapst odder die seynenn, teuselisch wort odder werck furnehmen? Solten wir vmbs menschen willenn, gotlich gepot vnnd warheit lassen nyderlegen, der wir in der tauff geschworn haben, bey zustehen mit leyp vnd leben, furwar wir weren schuldig aller selen die dadurch vorlassen vnd vorfuret wurden. Drumb muß das der heubt teuffel selb gesagt haben, das ym geistlichenn recht stet, Wen

der Bapſt ßo ſchedlich boß were, das er gleich die ſelenn
mit groſſen hauffen zum teuffel furet, kund man yhn
dennocht nit abſetzen. Auff dieſſen verfluchten, teuffeliſchen
grund bawen ſie zu Rom, vnnd meynen, man ſol ehe alle
welt zum teuffel laſſen faren, den yhrer buberey widder=
ſtrebenn. wen es genug were doran, das [B 3ᵇ] einer
ober den andern iſt, darumb er nit zuſtraffen ſey, muſt kein
Chriſten den andern ſtraffenn. Seintemal Chriſtus gepeut,
ein yglicher ſol ſich den vntirſten vnd geringſten halten.

Wo ſund iſt, da iſt ſchon kein behelff mehr widder
die ſtraff, als auch ſanct Gregorius ſchreybt, das wir wol
alle gleich ſein, aber die ſchuldt mach einen vntherthan dem
andern. Nu ſehen wir, wie ſie mit der Chriſtenheit vmb=
gahn. Nemen yhn die freiheit, on alle beweyſung auß
der ſchrifft, mit eygenem freuel die got vnd die Apoſtel
haben vnterworffen dem weltlichen ſchwert, das zubeſorgen
iſt, es ſey des Endtchriſts ſpiel, obber ſein nehſter vorlaufft.

¶ Die ander maur, iſt noch loßer vnd vntuchtiger das
ſie allein wollen meiſter der ſchrifft ſein, ob ſie ſchon yhr
leblang nichts dryñen lernenn, vormeſſen ſich allein der
obirkeit, kauckeln fur vns, mit vnuorſchampten wortten, der
Bapſt mug nit yrren ym glaubenn, er ſey boß obber frum,
mugen deſſelben nit ein buchſtaben antzeygen. Da her kompt
es, das ßouil ketzeriſch vnd vnchriſtlich, ia vnnaturliche ge=
ſetz ſtehen ym geiſtlichen recht, dauon itzt nit not zuredenn,
Dan die weil ſie es achten, der heylig geiſt laß ſie nit, ſie
ſein ßo vngeleret vnd boße wie ſie kunden, werden ſie kune
zuſetzen was ſie nur wollen. Vnd wo das were, watzu
were die heylige ſchrifft not obber nutze? laſſet ſie vns
vorprennenn, vnnd benugen an denn vngelereten hern zu
Rom, die der heylig geyſt, ynnenhat, der doch nit dan
frume hertzen mag ynnen habenn. Wen ichs nit geleſen
het, were myrs vngleublich geweßenn, das der teuffel ſolt
zu Rom ſolch vngeſchickt ding furwendenn, vnd anhang
gewinnen.

[B 4ᵃ] Doch das wir nit mit wortten widder ſie fechten,
wollen wir die ſchrifft her bringen. Sanct Paul ſpricht
.i. Corint. iiij. ßo yemant etwas beſſers offenbar wirt ob
ehr ſchon ſitzt, vnd dem andern zuhoret ym gottis wort,

ſo ſol der erſt der do redt, ſtilſchweygen vnd weychen. Was were diß gebot nutz, ßo allein dem zuglewben were, der do redt odder oben anſitzt. Auch Chriſtus ſagt Johan .vi. das alle Chriſten ſollen geleret werden von got, ßo mag es yhe geſchehen, das der Bapſt vnd die ſeinen boß ſein, vnnd nit rechte Chriſten ſein, noch von got geleret rechten vorſtand haben. widderumb ein geringer menſch den rechten vorſtand haben, warumb ſolt man yhm den nicht folgenn? hot nit der Bapſt viel mal geyrret? wer wolt der Chriſten= heit helffenn, ßo der Bapſt yrret, wo nit einem andern mehr dan yhm glaubt wurdt, der die ſchrifft fur ſich hette?

Drumb iſts ein freuel ertichte fabel, vnnd mugen auch keinen buchſtaben auff bringen, damit ſie bewerenn, das des Bapſts allein ſey, die ſchrifft außzulegen, odder yhr außlegung zubeſtetigenn, Sie haben yhn die gewalt ſelbs genommen. Vnd ob ſie furgeben es were ſanct Peter die gewalt gebenn, da yhm die ſchluſſel ſeint geben. Iſts offenbar gnug, das die ſchluſſel nit allein ſanct Petro, ſondern der gantzen gemein geben ſeint. Dartzu die ſchluſſel nit auff die lare odder regiment, ſondern allein auff die ſunde zupinden odder loſen geordnet ſein, vnd iſt eytel ertichtet ding, was ſie anders vnd weytter auß den ſchluſſel yhn zuſchreybenn. Das aber Chriſtus ſagt zu Petro. Ich hab fur dich gebeten das dein glaub nit zurgehe, mag ſich nit ſtreckenn auff denn Bapſt, ſeintemal das mehrer teyl [B 4ᵇ] der Bepſt on glauben geweſen ſein, wie ſie ſelb bekennen muſſen, ſo hat Chriſtus auch nit allein fur Petro gebetten, ſondern auch fur alle Apoſtel vnd Chriſten. wie er ſagt Johan .xvij. Vatter ich bitte fur ſie, die du mir geben haſt, vnnd nit allein fur ſie, ſondern fur alle, die durch yhr wort glewben in mich, Iſt das nit klar gnug geredt?

Denck doch bey dir ſelb, Sie muſſen bekennen das frume Chriſten vnter vns ſein, die den rechten glauben, geyſt, vorſtand, wort, vnd meynung Chriſti haben, yhe warumb ſolt man den, der ſelben wort vnnd vorſtand vor= werffen, vnnd dem Bapſt folgen der nit glaubenn noch geyſt hat? were doch das, den gantzen glauben, vnd die Chriſtenlichen kirche vorleugnet. Item, Es muß yhe nit

allein der Bapst recht haben, ßo der artickel recht ist, Ich
gleub ein heylige Christliche kirche. obber muſſen alßo beten,
Ich gleub in den bapſt zu Rom, vnd alßo die Chriſtliche
kirch, gantz in einen menſchen zihen, wilchs nit anders
dan teuffeliſch vnd helliſch yrtumb were.

Vbir das, ßo ſein wir yhe alle prieſter, wie droben
geſagt iſt, alle einen glauben, ein Euangelij, einerley
ſacrament haben, wie ſolten wir den nit auch haben macht,
zuſchmecken vnd vrteylen, was do recht obber vnrecht ym
glauben were. wo bleybt das wort Pauli .i. Corint .ij. ·
Ein geiſtlicher menſch richtet alle ding, vnnd wird von
niemants gerichtet. vnd .ij. Corint .iiij. wir haben alle eynen
geyſt des glaubens, wie ſolten wir denn nit fulen ßo wol als
ein vngleubiger bapſt, was dem glauben eben obber vneben
iſt? Auß dießem allenn vnd vielen andern ſpruchen, ſollen
wir mutig vnd frey werden, vnnd den geiſt der freyheit
(wie yhn Paulus nennet) nit laſſen mit ertichten wortten
der Bepſt ab=[C 1ᵃ]ſchrecken, ſondern friſch hyndurch, allis
was ſie thun obber laſſen, nach vnſerm gleubigen vorſtand
der ſchrift richten, vnd ſie zwingen zufolgen dem beſſern
vnnd nit yhrem eygen vorſtand. Muſte doch vorzeytenn
Abraham ſeine Sara horen, die doch yhm hertter vnter-
worffen war, den wir yemant auff erden, ßo war die
eſelynne Balaam auch kluger denn der Propheta ſelbs,
Hat got da durch ein eſelinne redet gegen einem Propheten,
warumb ſolt er nit noch reden kummen durch ein frum
menſch gegen dem Bapſt? Item ſanct Paul ſtrafft ſanct
Peter als einen yrrigen. Gal. ij. Drumb geburt einem
yglichen Chriſten, das er ſich des glaubens annehm, zu-
uorſtehen vnd vorfechten, vnd alle yrtumb zuuordammen.

¶ Die dritte maur ſellet von yhr ſelbs, wo diſſe erſte
zwo fallenn, dann wo der bapſt widder die ſchrifft handelt,
ſein wir ſchuldig der ſchrifft bey zuſtehen, yhn ſtraffen vnd
zwingen, nach dem wort Chriſti Math. xviij. Sundiget
dein bruder widder dich, ßo gang hyn vnd ſags yhm
zwiſchen dyr vnnd yhm allein, horet er dich nit, ßo nym
noch einen obber zween zu dir, horet er die nit, ßo ſag
es der gemeyne, horet er die gemeyne nit, ßo halt yhn
als einen heyden. Hie wirt befohlenn einem yglichenn

glid, fur das ander zuſorgenn, wieuil mehr ſollen wir
dartzu thun, wo ein gemeyn regierend gelid vbel handelt,
wilchs durch ſeinen handel viel ſchaden vnd ergerniß gibt
den andern, ſol ich yhn den vorklagen fur der gemeyne,
ßo muß ich ſie ia zuſammenn bringen.

Sie haben auch keinen grund der ſchrifft, das allein
dem Bapſt gepur ein Concilium zuberuffen obber be-
ſtetigenn, dan allein yhre eygene geſetz, die nit weytter
gelten, dan ßo ferne ſie nit ſchedlich ſein der Chriſten-
[C 1ᵇ] heit vnd gottis geſetzenn. wo nw der Bapſt ſtrefflich
iſt, horen ſolch geſetz ſchon auff, die weyl es ſchedlich iſt
der Chriſtenheit, yhn nit ſtraffen durch ein Concilium.

Szo leßen wir Act. xv. das der Apoſtel Concilium nit
ſanct Peter hat beruffen, ſondern alle apoſtel, vnd die
eltiſten. wo nw ſanct Peter das allein het gepurt, were
das nit ein Chriſtlich Concilium, ſondern ein ketzriſch
Conciliabulum geweßen. Auch das berumptiſte Concilium
Nicenum, hat der Biſchoff zu Rom noch beruffen noch
beſtetiget, ſondern der keyßer Conſtantinus, vnnd nach yhm
viel ander keyßer deſſelben gleichen than, das doch die aller-
chriſtlichſten Concilia geweßen ſein. Aber ſolt der bapſt
allein die gewalt haben, ßo muſten ſie alle ketzriſch ge-
weſen ſein. Auch wen ich anſehe die Concilia die der
bapſt gemacht hat, find ich nit beſonders das drynnen iſt
außgericht.

Darumb, wa es die not foddert, vnd der bapſt erger-
lich der Chriſtenheit iſt, ſol dartzu thun wer am erſten kan,
als ein trew glid des gantzen corpers, das ein recht frey Con-
cilium werde, wilch niemandt ſo wol vormag als das welt-
lich ſchwert, ſonderlich die weyl ſie nu auch mitchriſten ſein,
mitprieſter, mitgeyſtlich, mitmechtig in allen dingen, vnd
ſol yhre ampt vnd werck das ſie von got haben vbir yder-
man, laſſen frey gehen, wo es not vnd nutz iſt zugehen.
Were das nit ein vnnaturlich furnehmen, ßo ein fewr in
einer ſtadt auffgienge, vnd yderman ſolt ſtille ſtehenn,
laſſen fur vnnd fur brennen was do brennen mag, allein
darumb, das ſie nit die macht des Burgemeyſters hettenn,
obber das fewr villeicht ann des Burgemeyſters hauß an-
hube? Iſt nit hie einn yglicher burger ſchuldig die andern

zubewegen vnnd beruffen? wie viel mehr sol das in der [C 2ᵃ] geystlichen stab Christi geschehen, ßo ein fewr des ergerniß sich erhebt, es sey an des Bapsts regiment obber wo es wolle. Desselben gleichen geschicht auch ßo die seynd eine stadt vberfielen, da vordienet der ehr vnd danck, der die andern am ersten auff bringt. warumb solt den der nit ehre vordienen, der die hellischen seynd vorkundet, vnd die christen erweckt vnd berufft.

Das sie aber yhre gewalt rumen, der sichs nit zyme widderzufechtenn, ist gar nichts geredt. Es hat niemant in der Christenheit gewalt, schaden zuthun, obber schaden zuweren, vorpietenn. Es ist kein gewalt in der kirchen, den nur zur besserung, Drumb wo sich der Bapst wolt der gewalt brauchenn, zuwerenn ein frey Concilium zumachen, damit vorhyndert wurd die besserung der kirchen, ßo sollen wir yhn vnnd seine gewalt nit ansehen, vnd wo er bannen vnd donnern wurd, solt man das furachten, als eins tollen menschen furnehmen, vnd yhn, in gottis zuuorsicht, widderumb bannen vnd treyben, wie man mag, dan solch seine vormessene gewalt ist nichts, er hat sie auch nit, vnd wirt bald mit einem spruch der schrifft nydergelegt, denn Paulus zu den Corinthern sagt, Got hat vns gewalt geben, nit zuvorterben, sondern zubessern die christenheit. Wer wil vber dissen spruch hupffen? des teuffels vnd Endchristes gewalt ists, die do weret was zur besserung dienet der christenheit, darumb yhr gar nit zu folgen, sondern widderzustehen ist, mit leyp, gut, vnd allem was wir vormugenn.

Vnd wo gleich ein wunderzeichen fur den Bapst widder die weltlich gewalt geschehe, obber yemandt ein plag widderfure, wie etlich mal sie rumen geschehen sey, sol man dasselb nit anders achten, dan als durch den teuffel geschehen, vmb vnsers glaubens zu got gebrechen. [C 2ᵇ] wie dasselb Christus vorkundigt hat Matt. xxiiij. Es werden kummen in meynem namen falsche Christenn vnd falsche propheten, zeychen vnd wunder thun, das sie auch die außerweleten mochten vorfuren, vnd sanct Paul sagt den Thessalonicen. das der Endchrist werde durch Satanam mechtig sein, in falschen wunderzeychen.

Drumb lasset vns das fest halteun, Christliche gewalt, mag nichts widder Christum. wie sanct Paul sagt, wir vormugen nichts widder Christum, sondern sur Christo zuthun. Thut sie aber etwas wider Christum, so ist sie des Endchrists vnnd teuffels gewalt, vnd solt sie wunder vnd plagen regnen vnnd schlossen, wunder vnd plagen beweren nichts, sonderlich, in dieser letzten ergisten zeit, von wilcher falsche wunder vorkundet sein in aller schrifft, drumb mussen wir vns an die wort gottis halten, mit festem glauben, so wirt der teuffel seine wunder wol lassen.

¶ Hie mit, hoff ich, sol das falsche lugenhafftige schrecken, damit vns nu lange zeit die Romer habenn schuchter vnd blod gewissen gemacht, ernyder liegen. Vnnd das sie mit vns allen gleich dem schwert vnterworssen sein, die schrifft nit macht haben außzulegen durch lautter gewalt on kunst. vnd keinen gewalt haben ein Concilium zuweren, obber noch yhrem mutwillen pfenden, vorpflichten, vnnd seine freyheit nehmen, vnnd wo sie das thun, das sie warhafftig des Endtchrists vnd teuffels gemeinschafft sein, nichts von Christo, denn den namen haben.

¶ Nu wollen wir sehenn die stuck, die man billich in den Concilien solt handeln, vnd damit Bepst, Cardinel, Bischoff, vnd alle geleretten solten billich tag vnd nacht vmbgahn, so sie Christum vnnd seine kirch lieb [C 3ᵃ] hetten. wo sie aber das nit thun, das der hauff vnd das weltlich schwert dartzu thue, vnangesehen yhr bannen obber donnern, den ein vnrechter ban, ist besser, dann zehen rechte absolution. vnd ein vnrechte absolution erger, dan zehen rechte ban. Darumb lassit vns auff wachen lieben deutschen, vnd got mehr ben die menschen furchten, das wir nit teylhafftig werdenn aller armen seelen, die so kleglich durch das schendlich teuffelisch regiment der Romer, vorloren werden, vnnd teglich mehr vnd mehr der teuffel zunympt, so es anders muglich were das solch hellisch regiment mocht erger werden, das ich doch nit begreiffen noch gleuben kan.

Zum ersten, ists grewlich vnd erschrecklich antzusehen, das der vbirst in der Christenheit, der sich Christi Vicarium, vnd sanct Peters nachfolger rumet, so weltlich vnd precht-

lich feret, das yhn darinnen kein kunig, kein keyßer mag er-
langen vnd gleich werden, vnd in dem, der allerheyligist vnd
geystlichst sich lesset nennen, weltlicher weßen ist, dan die
welt selber ist. Er tregt ein dreyfeltig kron, wo die hoch-
sten kunig nur ein kron tragenn, gleicht sich das mit dem
armen Christo vnd sanct Peter, so ists ein new gleichen.
Man plerret es sey ketzrisch, wo man dawidder redt, man
wil aber auch nit horen, wie vnchristlich vnd vngotlich
solch weßen sey, Ich halt aber, wen er betten mit threnen
solt, fur got, er must yhe solch kronen ablegen, die weil
vnßer got, keinen hoffart mag leyden. Nu solt sein ampt
nichts anders sein, dan teglich weynen vnnd beten fur die
Christenheit, vnd ein exempel aller demut furtragen.

Es sey wie yhm wolle, ßo ist ein solcher pracht er-
gerlich, vnd der bapst bey seiner seel selickeit schuldig yhn
abzulegen, darumb das sanct Paul sagt, Enthaltet euch
fur allen geperden, die do ergerlich sein. vnd Ro[C 3ᵇ] ma
.xij. wir sollen guttis furwenden, nit allein fur gottis
augen, sondern auch fur allen menschen. Es were dem
Bapst gnug ein gemeyne bischoff kron, mit kunst vnd hey-
lickeit, solt er grosser sein fur andern, vnnd die kron der
hoffart dem Endtchrist lassenn, wie da than haben seine
vorfaren fur etlich hundert iaren. Sie sprechen, er sey ein
herr der welt, das ist erlogenn, den christus, des stathalter
vnd amptman er sich rumet, sprach fur Pilato, Mein
reich ist nit von disser welt. Es kan yhe kein stathalter
weytter regieren den sein her, Er ist auch nit ein stathalter
des erhebtenn, sondern des gekreutzigten Christi, wie Paulus
sagt, Ich hab nichts bey euch wolt wissen den Christum,
vnd den selben nur als gecreutzigten. Vnd Phil .ij. Alßo
solt yhr euch achten, wie yhr seht in Christo, der sich hat
entledigt, vnd ein knechtisch geperde an sich genommen.
Item .i. Corint .i. wir predigen Christum den gecreutzigtenn.
Nw machen sie den Bapst, ein stathelter des erhebten
christi ym hymel, vnd haben etlich den teuffel ßo starck
lassen in yhn regieren, das sie gehalten, der Bapst sey
obir die Engel ym hymel, vnd yhn zugepieten habe, wilchs
sein eygentlich die rechten werck, des rechten Endtchrists.

¶ Zum andern, wozu ist das volg nutz in der christenheit, das do heyſſet die Cardinel? das wil ich dyr ſagenn. Welſch vnnd deutſch landt, haben viel reycher kloſter, ſtifft, lehen vnd pfarr, die hat man nit wiſt baß gen Rom zubringen, dan das man Cardinal macht, vnnd den ſelben, die Biſtumb, kloſter, prelaturn zueygen gebe, vnd gotis dienſt alſo zu poden ſtieſſe. drumb ſiht man itzt, das welſchlandt, faſt wuſt iſt, kloſter vorſtoret, biſtumb vortzeret, prelaturn vnnd aller kirchen tzintze gen Rom tzogen, Stet vorfallen, land vnd leut vortorben, da kein gottis dienſt nach predig mehr gaht. [C 4ᵃ] warumb? die Cardinal muſſen die gutter haben, kein Turck het welſchlandt ſzo mugen vorterben vnd gottis dienſt nyderlegenn.

Nu welſch landt außgeſogen iſt, kommen ſie ynß deutſch landt, heben ſeyn ſeuberlich an, aber ſehen wir zu, deutſch landt ſol bald, dem welſchen gleich werden, wir habenn ſchon etlich Cardinel, was darynnen die Romer ſuchen, ſollen die truncken deutſchen nit vorſtehen, biß ſie kein biſtum, kloſter, pfarr, lehen, heller obber pfennig mehr habenn. Der Endtchriſt muß die ſchetz der erden heben, wie es vorkundet iſt, Es geht daher, man ſcheumet oben ab von den biſtumen, kloſtern, vnd lehnen, vnd weil ſie noch nit alles thuren gar vorſcheinden, wie ſie den welſchen than haben, brauchen ſie die weil ſolch heylige behendickeit, das zehen oder zwentzig prelaturen zuſammen koppeln, vnd von einer iglichen ein ierlich ſtuck reyſſenn, das doch ein ſumma brauß werde. Proebſtey zu Wirtzpurg gibt tauſend gulden, die zu Babenburg auch etwas, Mentz, Trier, vnd der mehr, ſo mocht man ein tauſend gulden obber zehen zuſammen bringen, damit ein Cardinal ſich einem reychen kunige gleich halte zu Rom.

Wen wir nu des gewonen, ſo wollen wir dreyſſig obber viertzig Cardinel auff einen tag machen, vnd einem geben den Munchenberg zu Babenberg, vnd das biſtum zu Wurtzburg dartzu, dran gehengt etlich reyche pfarn, biß das kirchen vnd ſtet wuſt ſein, vnd darnach ſagen, wir ſein Chriſti Vicarij, vnd hirten der ſchaff Chriſti. die tollen vollen deutſchen, muſſens wol leyden.

Ich rad aber, das man der Cardinal weniger mache, oder laß ſie den Bapſt von ſeinem gutte neren, Er were vbrig gnug an .xij. vnd ein yglicher het des iars taufent gulden einzukommen. Wie kommen wir deutschen dartzu, das wir solch, reuberey, schinderey, vnserer guter von dem bapst [C4ᵇ] leyden muſſen? hat das kunigreich zu Franckreich ſichs erweret, warumb laſſenn wir deutſchen vns alßo narren vnnd eſſenn? Es were allis treglicher, wen ſie das gut allein vns alßo abſtolen, die kirchen vorwuſten ſie damit, vnd berauben die ſchaff Chriſti, yhrer frumen hyrtten, vnd legen den dienſt vnnd wort gottis nyder, vnnd wen ſchon kein Cardinal were, die kirch wurd bennoch nit vorſincken, ßo thun ſie nichts das zur chriſtenheit dienet, nur gelt vnnd habber ſachen vmb die Biſtum vnnd prelaturen treyben ſie, das auch wol ein itzlicher reuber thun kundt.

¶ Zum dritten, wen man des bapſts hoff ließ das hunderte teyl bleyben, vnd thet ab newn vnd newntzig teil, er were dennoch groß gnug, antwort zugeben, in des glaubens ſachen. Nu aber iſt ein ſolch gewurm vnd geſchwurm in dem Rom, vnnd alles ſich bepſtiſch rumet, das zu Babylonien nit ein ſolch weßen geweſen iſt. Es ſein mehr dan drey tauſent Bapſt ſchreyber allein, wer wil die andern ampt leut zelenn, ßo der ampt ßouiel ſein, das man ſie kaumet zelen kann. wilche alle auff die ſtifft vnd lehen deutſchs landts wartten, wie wolff auff die ſchaff. Ich acht das deutſch landt itzt weit mehr gen Rom gibt dem Bapſt, dan vor zeytenn den keyſern. Ja es meynen etlich das ierlich mehr dan dreymal hundert tauſent gulden auß deutſch land gen Rom kommen, lauterlich vorgebens vnd vmb ſonſt, dafur wir nicht dan ſpot vnd ſchmach erlangen, vnnd wir vorwundern vns noch, das furſtenn, adel, ſtedt, ſtifft, land vnnd leut arm werden, wir ſolten vns vorwundern, das wir noch zueſſen haben.

Die weyl wir dan hie in das rechte ſpiel kummen, wollen wir ein wenig ſtil halten, vnd vns ſehen laſſen, wie die deutſchen nit ßo gantz grobe narn ſein, das ſie [D1ᵃ] Romiſche practick gar nichts wiſſen obder vorſtehen. Ich klag hie nit, das zu Rom gottis gepot vnd chriſtlich recht voracht iſt, dan ßo wol ſtet es itzt nit in der Chriſtenheit, ſonderlich zu Rom, das wir von ſolchen hohen dingen klagen mochten. Ich klag auch nit, das, das naturlich obber weltlich recht vnd vornunfft nichts gilt. Es ligt noch alles tieffer ym grund. Ich klag das sie yhr eygenn ertichtet geystlich recht nit haltenn, das doch on yhm selb, ein lautter tyranney, geytzerey, vnd zeytlicher pracht ist, mehr dann ein recht, das wollenn wir sehen.

Es haben vortzeyten deutsche keyßer vnnd furstenn vorwilligt, dem Bapst die Annaten auff allen lehenn deutscher Nation, eintzunehmenn, das ist, die helffte der tzinß, des ersten Jares, auff einem yglichen lehen: die vorwilligung aber ist also geschehen, das der bapst durch solch groß gelt solt samlen einen schatz, zustreytten widder die Turcken vnd vngleubigen, die Christenheit zuschutzen, auff das dem adel nit zuschwer wurd allein zustreittenn, sondern die priesterschaft auch etwas dartzu thet. Solcher gutter, einfeltiger andacht der deutschen Nation haben die Bepste datzu braucht, daß sie biß her, mehr dan hundert Jar solch gelt, eingenommen vnd nu einen schuldigen, vorpflichten zinß vnd auffsatz, brauß gemacht, vnnd nit allein nichts gesamlet, sondern darauff gestifftet, viel stend vnnd empter tzu Rom, die damit ierlich, als auß einem erbtzinß zubesolden. Wen man nw widder die Turcken streytten vorgibt, so senden sie erauß botschafft, gelt zusamlen, viel mal auch ablas herauß geschickt, eben mit der selben farb, widder den Turcken zustreytten, meynend, die tollen deutschen sollen vnendlich todstocknarn bleyben nur ymer gelt geben, yrem vnaußsprechlichem geytz [D 1ᵇ] gnug thun, ob wir gleich offentlich sehen, das widder Annaten noch ablas gelt, noch allis ander, einn heller widder den Turcken, sondern altzumal in den sack dem der poden auß ist, kumpt. Liegen vnnd triegen, setzen vnd machen mit vns bund, der sie nit ein harbreit zuhalten gedenckenn, das muß darnach der heylig nam Christi vnd sanct Petri allis than haben.

Hie solte nw deutsche Nation, Bischoff vnd Fursten, sich auch fur Christen leut halten, vnd das volck das yhn befolen ist, in leyplichen vnnd geistlichen guttern zuregiren vnnd schutzenn, fur solchen reyssendenn wolffen beschirmen, die sich vnter den schaffs kleydern dar geben, als hyrtten vnd regierer. Vnd die weil die Annaten so schimpflich mißprauchet werdenn, auch nit gehalten was vorpunden ist, yhr landt vnd leut ßo iemerlich, on allis recht, schinden vnd vorterben nit zu lassenn, sondern durch ein keyßerlich obber gemeyner Nation gesetz die Annaten heraussen behalten, obber widderumb abethun. Dan die weyl sie nit halten, was vorpunden ist, haben sie auch kein recht zu den Annaten, ßo sein die Bischoff vnnd Fursten schuldig, solch bieberey vnd reuberey zustraffen, obber yhe zuweren, wie das recht sobbert.

Darynnen dem Bapst beysteen vnd stercken, der villeicht solchem vnfug allein zuschwach ist, obber wo er das wolt schutzen vnd handhaben, als einem wolff vnd tyrannen weren vnd widderstehen, den er kein gewalt hat, boßes zuthun obber zuvorfechten. Auch ßo man yhe widder die Turcken wolt ein solchenn schatz samlen, solten wir billich der mal eynß witzig werden, vnd mercken, das deutsche Nation, den selben baß bewaren kunde den der Bapst, seyntemal deutsche Nation selb volck gnug hat zum streyt, ßo gelt furhanden [D 2ᵃ] ist. Es ist mit den Annaten wie mit anderm manchen Romischen furgeben gewest ist.

¶ Item darnach ist geteylet worden das Jar zwischen dem Bapst vnd regierenden bischoffen, vnd stifften, das der bapst sechs Monat hat ym iar, einen vmb den andern, zuvorleyhen die lehen die in seinem Monatt vorfallen, damit fast alle lehen hynein gen Rom werden getzogen, ßonderlich die allerbesten pfrund vnnd digniteten. Vnd wilche ein mal ßo gen Rom fallenn, die kummen darnach nymmer widder erauß, ob sie hynfurt nymmer in des Bapsts Monat vorfallen, damit den stifften viel zukurtz geschicht, vnd ist ein rechte reuberey, die yhr furgenomen hat nichts heraussenn zulassen. Darumb ist sie fast reyff, vnd hoch zeit das man die Bapst Monat gar abethue, vnnd allis was daburch genn Rom kummen ist, widder erauß reysse. Den Fursten vnnd Abel sollen drob sein, das, das gestolen gut werd widder geben, die diebe gestrafft, vnd die yhrs vrlaubs mißprauchen, vrlaubs beraubt werden. Helt vnnd gilt es, ßo der Bapst des andern tags seiner erwelung, regel vnd gesetz macht in seiner Cancelley, daburch vnßer stifft vnd pfrundt geraubt werden, da her kein recht zu hat, so sol es viel mehr gelten, ßo der keyßer Carolus des andern tags seiner kronung regel vnd gesetz gebe, durch gantz deutsche landt keyn lehen vnnd pfrund mehr gen Rom lassen kummenn durch des Bapsts Monat, vnd was hynein kummen ist, widder frey werde, vnnd von den Romischen reuber erloßet, da zu er recht hat von ampt wegenn seynis schwerdts.

Nu hat der Romisch geytz vnd raubstul, nit mocht der zeit erwartten, das durch bapst Monat alle lehen [D 2ᵇ] hynein kemenn, eynis nach dem andern, sondern eylet nach seinem vnsettigen wanst, das er sie alle auffs kurtzst hynein reysse. Vnd hat vbir die Annaten vnd Monat, ein solch fund erdacht, das die lehen vnd pfrund, noch dreyerley weyße zu Rom behafft werden. Zum ersten, ßo der ein frey pfrund hat, zu Rom odder auff dem wege stirbt, die selb muß ewig eygen bleyben des Romischen (reubischen) stuls solt ich sagen, vnd wollenn den nach nit reuber heyssen, ßo solche reuberey niemant yhe gehoret noch geleßen hat.

Zum andern, ßo der ein lehen hat odder vbirkumpt der des Bapst odder Cardinel gesindt ist, odder so er zuuor ein lehen hat, vnd darnach bapsts odder Cardinals gesindt wirt. Nu wer mag des bapsts vnnd der Cardinel gesind zelen, ßo der Bapst, wen er nur spatzieren reyt, bey drey oder vier tausent maul reytter vmb sich hat, trotz allen keyßern vnd kunigen. Den Christus vnd sanct Peter giengen zufussen, auff das yhre stathalter deste mehr zuprachten vnd prangen hetten. Nw hat der geytz weytter sich erkluget, vnnd schafft, das auch heraussen viel den namen haben, bepstlich gesinds, wie zu Rom, das nur in allen ortten, das bloß schalckhafftig wortlin, Bapsts gesind, alle lehen an den Romischen stul bringen vnd ewiglich hefften. Seynd das nit vordrießliche teuffelische fundle. Sehen wir zu, ßo sol Mentz, Magdeburg, Halberstad, gar seynn gen Rom kummen, vnnd das Cardinalat theur gnug betzalet werdenn. Darnach wollen wir all deutsche Bischoff Cardinel machenn, das nichts eraussen bleybe.

Zum dritten, wo vmb ein lehen ein hadder sich zu Rom angefangen, wilchs ich acht, fast die gemeynist vnnd grossist straß ist, die pfrunden gen Rom zubringen. Dan wo hie kein habder ist, find man vntzehlich [D 3ᵃ] buffen zu Rom, die habder auß der erden graben, vnd pfrunden angreyffen, wo sie nur wollenn, da manch frum priester seinn pfrund muß vorlierenn, obder mit einer summa gelts, denn habder abekauffenn, ein zeyt lang. Solch lehen mit habder recht obder vnrecht, vorhafft, muß auch des Romischen stuls ewig eygen sein. Es were nit wunder, das got vom hymel schwebel vnd hellisch sewr regnet, vnd Rom in abgrundt vorsenckt, wie er vortzeyten Zodoma vnd Gomorren thet, was sol ein Bapst, in der Christenheit, wen man seiner gewalt, nit anders braucht, dann zu solcher heubt boßheit, vnd er die selben schutzt vnd handthabt. O edeln fursten vnd hern, wie lang wolt yhr ewr land vnd leut, solchen reyssenden wolffen offen vnd frey lassen.

Da nw solch practick nit gnug war, vnd dem geytz die zeit zulange wart, alle bistum hynein zureyssen, hot mein lieber geytz doch so viel erfunden, das die bistumb mit namen eraussen, vnd mit dem grund vnd bodenn zu Rom sein. Vnd das alßo, kein Bischoff mag bestetiget werden, er kauff dan mit grosser summa gelts das pallium, vnd vorpflichte sich mit grewlichen eyden, zu einem eygenen knecht dem Bapst. Da her kumpts, das kein Bischoff widder denn Bapst thar handeln, das haben die Romer auch gesucht mit dem eyde, vnd sein also die aller reychsten bistumb, in schuld vnd vorterben kummen. Mentz, hor ich, gibt .xx. tausent gulden, Das sein mir yhe Romer, als mich dunckt. Sie habens wol vortzeitten setzt ym geystlichen recht, das pallium vmbsonst zugebenn, des Bapsts gesind wenigern, habder mindern, den stifften vnd bischoffen yhre freyheit lassen, aber das wolt nit gelt tragen, drumb ist das blat vmkeret, vnd ist den bischoffen vnnd stifften aller gewalt genomen, sitzen wie die Cifren, haben widder ampt, [D 3ᵇ] macht, noch werck, sondern regiernn alle ding, die heubt buben zu Rom, auch schier des Custers vnnd Glockners ampt, in allen kirchen. alle habder werden gen Rom getzogenn, thut yderman durchs bapsts gewalt, was er wil.

Was ist geschehenn in diessem Jarc? der Bischoff zu Straßburg wolt sein stifft ordenlich regieren vnd refor-

mieren, in gottis dienst, vnd stellet etlich gotlich vnd Christ=
lich artickel dartzu dienlich, Aber meinn lieber bapst, vnd
der heylige Romische stul, stost zu podenn vnnd vordampt
solch heylige, geistlich ordnung gantz mit einander, durch
anlangen der priesterschafft, das heyst die schaff Christi
geweydet, ßo sol man priester widder yhren eygen bischoff
stercken, vnd yhren vngehorsam in gotlichen gesetzen schutzen.
Solch offentlich gottis schmach wirt der Endtchrist, hoff
ich, nit vornehmen. Da habt yhr den bapst wie yhr habt
gewollet, warumb das? Ey wo einn kirch wurd reformiert
were das einreyssenn ferlich, das Rom must villeicht auch
dran, daruber solt man ehe kein priester mit dem andern
eynis bleyben lassen. vnd wie sie bißher gewonet, fursten
vnnd kunig vneinß machenn, die welt mit Christen blut
erfullenn, das yhe nit der Christen eynickeit, dem heyligen
Romischen stuel durch reformiern zuschaffen gebe.

Bißher haben wir vorstanden, wie sie mit den pfreunden
handeln, die vorfallen vnd loß werden. Nu erfellet dem
zartten getz zu wenig loß, darumb hat er sein fursichtickeit
ertzeygt auch in die lehen, die noch bessessen sein durch yhre
furweßer, das die selben auch loß sein mussen, ob sie schon
nit loß sein, vnd das mancherley weyße. Zum ersten,
lauret er wo fette prebendenn sein odder Bistumb, durch
einen alten odder krancken [D 4ᵃ] odder auch mit einer
ertichten vntuchtickeit besessenn, dem selben gibt der heylige
stuel, einen Coadiutor, das ist, ein mithelffer, on seinenn
willen vnnd danck zu gut dem Coadiutor, darumb das ehr
des Bapsts gesind ist, odder gelt drumb gibt, odder sonst
mit einem Romischenn frondienst, vordienet hat. Da muß
den abgehn, frey erwelung des Capittels, odder recht des
der die pfrunden hat zuuor liehen, vnd allis nur gen Rom.

Zum andern heysset ein wortlin Commenden, das ist,
wen der Bapst einem Cardinal odder sonst seiner einen,
ein reich, fet Closter odder kirchen befilhet zubehalten,
gleich als wen ich dir hundert gulden zubehalten thet.
Diß heyst das Closter nit geben noch vorleyhen, auch nit
vorstoren, nach gotis dienst abethun, sondern allein zube=
halten thun, nit das erß bewaren odder bawen sol, sondern
die person außtreyben, die gutter vnd zinß einnehmen,

vnnd yrgent einen apoſtaten vorlauffen munch hynein ſetzen, der funff obber ſechs gulden des Jares nympt, vnd ſitzt des tages in der kirchen, vorkaufft den pilgern zeychen vnd bildlin, das widder ſingen noch leßen daſelb mehr geſchicht. den, wo das hieß Cloſter vorſtoren vnnd gottis dienſt abthun, ßo muſt man denn Bapſt nennen ein vorſtorer der Chriſtenheit vnd abetheter, gottis dienſt, den er treybet es furwar mechtig, das were ein hartte ſprach zu Rom, drumb muß man es nennen, ein Commenden, obber befehlung das Cloſter zubehalten. Dißer kloſter kan der Bapſt, vier obber mehr in einem Jar zu Commenden machen, da eines mehr den ſechs tauſent guldenn hat einkummen, Alſo mehren ſie zu Rom gottis dienſt, vnd erhalten die Cloſter, Das lernet ſich in deutſchen landen auch.

¶ Zum dritten, ſein etlich lehenn, die ſie heyſſenn [D 4ᵇ] incompatibilia, die nach ordnung geyſtlichs rechts, nit mugen mit einander behalten werden. Als do ſein zwo pfarren, zwey biſtumb, vnd der gleichen. Hie drehet ſich der heylige Romiſche ſtuel vnd getz alßo auß dem geiſtlichen recht, das er yhm gloßen machet, die heyſſen, vnio vnd incorporatio, das iſt, das er viel incompatibilia in eynander leybet, das eins des andern glid ſey, vnd alſo gleich als ein pfreund geacht werden, ßo ſein ſie nymmer incompatibilia, vnd iſt dem heyligenn geyſtlichen recht geholffen, das es nit mehr bindet, den alleinn bey denen, die ſolch gloßen, dem bapſt vnnd ſeinem Datario nit abekauffenn. Der art iſt auch die vnio, das iſt, voreynigung, das er ſolcher lehen viel zuſammen koppelt, als ein bund holtz, vmb wilchs koppels willen, ſie all fur ein lehen gehalten werden. Alßo findt man wol einen Cortiſanen zu Rom, der fur ſich allein .xxij. pfarren .vij. Prebſteyen, vnnd .xliiij. pfreunden dartzu hat. wilchs alles hilfft ſolch meyſterlich gloß vnnd helt, das nit widder recht ſey. Was nu Cardinel vnnd ander prelaten habenn, bedenck ein yglicher ſelbs. Sso ſol man den deutſchen den beuttel reumen, vnd den kutzel vortreyben.

Der gloßen eine iſt auch, Abminiſtratio, das iſt, das einer neben ſeinem biſtumb, Abtey, obber dignitet, habe vnnd allis gut beſitze. on das er denn namen nit habe,

ben allein adminiftrator. Den es ift zu Rom gnug, das
die wortlin fich wandeln, vnnd nit die that, gleich als, wen
ich leret, die hurwirttyn folt burgemeyfterin heyffen, vnnd
doch bleyben ßo frum als fie ift, Solch Romifch regiment
hat fanct Peter vorkundet, da er fagt .ij. Pet .ij. Es werden
falfche meyftere kummen, die in geytzerey, mit ertichten
wortten, vbir euch handelen werden, yhren gewinft zutreyben.

[E 1ᵃ] Es hat auch der liebe Romifche geytz denn
prauch erdacht, das man die pfreund vnd lehen vorkeufft
vnd leyhet, auff folchenn vorteil, das der vorkeuffer obber
handthierer, drauff behelt, denn anfal, vnnd zufpruch, das
ßo der befitzer ftirbt, das lehen frey widder heym fterbe dem
der es vorhyn vorkaufft, vorlihen obber vorlaffenn hat, damit
fie auß den pfreunden erb gutter gemacht haben, das nie-
mant mehr dartzu kummen kan, den welchen der vorkauffer
daffelb vorkauffen wil, obber fein recht daran befcheydet an
feinem todt. Daneben feynd yhr viel die ein lehen dem
andern auffgeben, nur mit dem titel, daran er kein heller
empfehet. Es ift auch nw alt worden, das einer dem
andern ein lehenn auffgibt, mit vorbehalt etlicher fummen
Jerlichs zynfes, wilchs vortzeitten Simoney war, vnd der
ftucklin viel mehr, die nit zurtzelen fein, vnd gehn alfo
viel fchendlicher mit den pfreunden vmb, denn die heyden
vnter dem Creutz mit Chriftus kleydern.

Aber allis was bißher gefagt, ift faft alt vnd ge-
wonlich wurden zu Rom, Noch einis hat der geitz erdacht,
das ich hoff fol das letzt feinn daran ehr erwurg. Der
Bapft hat ein eblis fundlin das heyffet, Pectoralis referuatio,
das ift, feines gemuts furbehalt, et proprius motus, vnnd
eygener mutwil der gewalt. Das gehet alßo zu, Wenn
einer zu Rom ein lehenn erlanget, das yhm wirt fignirt
vnnd redlicher weyße zugefchrieben, wie da der brauch ift,
ßo kumpt den einer der gelt bringet, obber fonft vordienet
hat, da nit von zufagenn ift, vnd begert daffelbig lehen
von dem bapft, Szo gibt er es yhm, vnd nympts dem
andern. Spricht man den er ßey vnrecht, ßo muß der
allirheyligifte vatter fich entfchuldigen, das er nit ßo offent-
lich mit gewalt widder recht handellen geftrafft werde, vnnd
fpricht, Er hab [E 1ᵇ] in feinem hertzen vnnd gemut daffelb

lehen, yhm selbs vnd seiner vollen gewalt furbehaltenn, ßo er doch sein lebtag, zuuor nie dauon gedacht noch gehoret hat, vnd hat nu alßo ein gloßlin funden, das er in eygener person, liegen, triegen, vnd yberman essen vnd narren mag, vnd das allis vnuorschampt vnd offentlich, vnd wil den noch das heubt der Christennheit seinn, lessit sich mit offentlichen lugen den boßen geyst regieren.

Dißer mutwille vnnd lugenhafftige furbehalt des Bapsts, macht nu zu Rom ein solch weßen, das niemant dauon reden kan. Da ist ein kauffen, vorkeuffen, wechßelin, tauschen, rauschen, liegen, triegen, rauben, stelenn, prachten, hurerey, buberey, auff allerley weyß gottis vorachtung, das nit muglich ist, dem Endchrist lesterlicher zuregieren. Es ist nichts mit Venedig, Antdorff, Alkayr, gegen dießem Jarmarckt vnd kauffs handel zu Rom, on das dort doch vornunfft vnd recht gehalten wirt, hie geht es wie der teuffel selbs wil. Vnd auß dem meer, fleussit nw in alle welt, gleiche tugent, solten sich solch leut nit billich furchten, fur der reformation, vnd einem freyen Concilio, vnd ehe alle kunig vnd fursten in einander hencken, das yhe nit durch yhr eynickeit, ein Concilium werde. Wer mag leyden das solch sein buberey an tag kome?

Zu letzt, hat der Bapst zu dissen allen edlen hendeln ein eygen kauffhauß auffgericht, das ist, das Datarij hauß zu Rom. Dahyn mussen alle die kummenn, die diesser weyß nach vmb lehen vnd pfrund handeln, dem selben muß man solch gloßen vnnd handthierung abkauffen, vnd macht erlangenn, solch heubtbuberey zutreyben. Es war vortzeytten noch gnedig zu Rom, da man das recht must kauffenn, odder mit gelt nydder drucken. Aber itzt ist sie ßo kostlich worden, das sie niemant lessit buberey treybenn, es muß mit summen vor [E 2ᵃ] erkaufft werden. Ist das nit ein hurhauß vbir alle hurhewßer, die yemant erdencken mocht, ßo weiß ich nit was hurhewßer heyssen.

Hastu nu gelt, in dissem hauß, ßo kanstu zu allenn den gesagten stucken kummen, vnd nit allein zu den selben, ßondern, allerley wucher wirt hie vmb gelt, redlich, als gestolen, geraubt gut gerechtfertiget. Hie werden die gelubt auffgehebet, hie denn munchen freyheit geben auß den orden zugehenn, hie ist feylle der ehelich stand den geystlichen, hie mugenn hurn kinder ehlich werden, alle vnehre vnd schand hie zu wirden komen, aller boßer tadel vnd mal hie zuritter geschlagen, vnnd edel wirt. Hie muß sich der ehelich stand leydenn, der in vorpotten grad, odder sonst ein mangel hat. O wilch ein schetzerey vnnd schinderey regirt da, das ein scheyn hat, das alle geystlich gesetz allein darumb gesetzt sein, das nur viel geltstrick wurdenn, darauß man sich muß loßen, wer ein Christen sein sal. Ja hie wirt der teuffel ein heylig vnd ein got datzu, was hymel vnd erden nit vormag, das vormag diß hauß. Es heyßen Compositiones, freylich compositiones, ja confusiones. O wie ein schlechter schatz ist der zol am Reyn, gegen dießem heyligen hauße.

Niemant sol achten, das ich zuuil sage, Es ist allis offentlich, das sie selb zu Rom mussen bekennen, es sey greulicher vnd mehr, den yemant sagen kunde. Ich hab noch nit, wil auch noch nit ruren die rechte helgrund=suppen, von den personlichen lastern. Ich rede nur von gemeynen leufftigen sachen, vnd kan sie dennoch mit wortten nit erlangen. Es solten bischoff priesterschafft, vnd zuuor die Doctores der Vniuersiteten, die darumb besoldet sein, yhrer pflicht nach, hiewidder eintrechtlich geschrieben vnd geschrien haben. Ja wend das blat vmb ßo findistu es.

[E 2ᵇ] Es ist noch das Valete dahyndenn das muß ich auch geben. Da nu der vnaußmeßliche geytz, noch nit gnug het, an allen dißen schetzenn, da billich sich drey mechtige kunige liessen an benugen, hebt er nw an solche seine hendel, zuuorsetzenn vnnd vorkauffenn, dem Focker zu Augspurg, das nu bistumb vnd lehen zuuorleyhen tauschen, kauffen vnd die lieben handthierung geystlicher gutter treyben, eben auff den rechten ort ist kummen, vnd nu auß geyst=lichen vnnd weltlichen gutter, eine handthierung worden. Nu mocht ich gerne ein ßo hoch vornunfft horen, die er=denckenn mocht, was nw hynfurt kunde geschehn durch denn Romischenn geytz, das nit geschehen sey, es were ban das der Focker seine beyde vnnd nw eynigen handel auch yemant vorsetzt, oder vorkaufft. Ich meyn es sey anß ende kummen.

Dan was sie mit ablas, bullen, beichtbrieffen, butterbrieffen, vnd ander Confessionalibus, haben in allen landen gestolen, noch stelen vnnd erschinden, acht ich als flickwerck, vnnd gleich als wen man mit einem teuffel in die helle wurff. Nit das sie wenig tragen, den sich wol dauon erhalten kund ein mechtiger kunig, sondern das er gegen die obgesagten schetzflusse, kein gleychenn hat. Ich schweyg auch noch zur zeit, wo solchs ablas gelt hyn kummen ist. ein ander mal wil ich darnach fragen, den Campoflore vnd bel vibere, vnd etlich mehr ortte, wissen wol etwas drumb.

Die weil den solchs teuffelisch regiment, nit allein ein offentlich rauberey, triegerey vnd tyranney der hellischen pforttenn ist, ßondern auch die Christenheit on leyp vnd seel vorterbet. Sein wir hie schuldig allen vleiß furtzuwenden, solch iamer vnd zurstorung der Christenheit zuweren. Wollen wir widder die Turcken streytten, ßo lasset vns hie anheben, da sie am allerergistenn [E 3ᵃ] sein, hencken wir mit rechte die biebe vnnd kopffen die reuber, warumb solten wir frey lassen den Romischen geytz, der der grossist bieb vnd reuber ist, der auff erden kummen ist, odder kummen mag, vnd das allis in Christus vnd sanct Peters heyligen namen, wer kanß doch zuletzt leyden odder schweygen. Es ist yhe gestolen vnd geraubt fast allis was ehr hat, das ist yhe nit anders, wilchs auß allen historienn beweret wirt. Es hat yhe der Bapst solch groß gutter nit kaufft, das er von seinen officijs mag auff heben bey zehen hundert tausent Ducaten, on die obgenannten schetzgruben vnd sein land. Szo hats yhm Christus vnd sanct Peter auch nit auffgeerbet, ßo hats yhm auch niemant geben noch gelihenn, ßo ists auch nit ersessenn noch erieret. Sag du mir, wo her mag erß haben? darauß merk was sie suchen vnd meynen, wen sie legaten erauß sendenn, gelt zusamlen, widder den Turcken.

Wie wol nu ich zugering byn stuck furtzulegenn, zu solches grewlichs weßens besserung dienlich, wil ich doch das narn spiel hynauß singen, vnnd sagen ßouil mein vorstand vormag, was wol geschehen mocht vnd solt, von weltlicher gewalt odder gemeinen Concilio.

¶ Zum ersten, das ein yglich Furst, Adel, Stat, in

yhren vnterthanen frisch an vorpiet, die Annaten genn
Rom zugeben, vnd sie gar abcthue, dan der bapst hat den
pact brochen, vnnd ein reuberey gemacht auß den Annaten,
zu schaden vnd schanden gemeyn deutscher Nation, gibt sie
seinen freunden, vorkeufft sie fur groß gelt, vnd stifft officia
drauff, drumb hat er das recht datzu vorloren, vnnd straff
vordienet. Szo ist die weltlich gewalt schuldig, zuschutzen
die vnschuldigen, vnd weren das vnrecht. wie sanct Paulus
Ro .xiij. leret, vnd sanct Peter .i. Pet. iij. ia auch das
geystlich recht .xvi. q. [E 3ᵇ] vij. de filijs. Daher es
kummen ist, das man sagt zum Bapst vnd den seinen
Tu ora. Du solt betten, zum keyßer vnd den seinen Tu
protege. Du solt schutzen, zu dem gemeynen man, Tu
labora. Du solt erbeytten. Nit also, das nit ein yglicher,
betten, schutzen, erbeytten solt, den es ist allis gepet, ge=
schutzt, geerbeyttet, wer in seinem werck sich vbet, ßondern
das einem yglichen sein werck zugeeygent werde.

¶ Zum andern, die weil der Bapst, mit seinen Romischen
practicken, commenden, abiutoryen, reseruation, gratijs
expectatiuis, Bapsts Monat, incorporation, vnion, pension,
pallijs, Cancelley regelen, vnd der gleychen buberey, all
deutsche stifft, on gewalt vnd recht zu sich reysset, vnd die
selben zu Rom, frembden die nichts in deutschen landen
dafur thun, gibt vnnd vorkeufft, damit er die ordinarien
beraupt yhres rechten, macht auß den bischoffen nur Cifferen
vnd olgotzen, vnd alßo widder sein eygen geystlich recht,
natur vnd vornunfft handelt, das zu letzt dahyn kummenn,
das die pfreund vnnd lehen, nur groben vngelereten Eseln
vnd buben zu Rom, durch lautter getz vorkaufft werden.
frum geleret leut, yhrer vordienst vnd kunst nichts geniessenn,
dadurch das arm volck deutscher Nation, gutter gelereter
prelaten, muß mangeln vnd vorterben, ßo sol hie der
Christlich adel sich gegen yhm setzen, als widder einen
gemeynen feynd vnd zustorer der Christenheit vmb der
armen seelen heyl willen, die durch solch tyranney vor=
terben mussen, setzen, gepieten, vnd vorordenen, das hyn=
furt kein lehen mehr gen Rom getzogen, keyß mehr drynnen
erlangt werde auff keinerley weyße, ßondern widder von
der tyrannischen gewalt erauß ruckt, heraußen behalten, vnd

den Ordinarien yhr recht vnd ampt widderstatten, solch lehen zuuorordenen, auffs best sie [E 4ᵃ] mugen, in deutscher Nation. Vnd wo ein Curtisan crauß keme, das dem selben ein ernst befel geschehe, abzustehen, obber in den Reyn vnnd das nehste wasser zuspringen, vnd den Romischen ban mit siegel vnd brieffen, zum kalten bade furen, ßo wurdenn sie zu Rom mercken, das die deutschen nit alletzeit tol vnd vol sein, sondern auch ein mal Christen worden weren, als die den spot vnd schmah des heyligen namens Christi, vnter wilchem solch buberey vnd seel vorterben geschicht, nit mehr zuleyden gedencken, got vnd gotis ehre mehr achten, den der menschen gewalt.

¶ Zum dritten, das ein keyßerlich gesetz außgahe, keinen Bischoff mantel, auch keine bestetigung yrgent einer dignitetcn, furt an auß Rom zuholen, ßondern, das man die ordnung des allerheyligisten vnd berumptisten Concilij Niceni, widder auffricht, darynnen gesetzt ist, das ein Bischoff sol bestetiget werden von den andern zween nehsten, obber vonn dem Ertzbischoff. wen der Bapst solch vnd aller Concilia statut wil zureyssen, was ists nutz das man Concilia habe? obber wer hat yhm die gewalt geben Concilia so zuuorachten vnd zureyssen? ẞo mehr thun wir abe alle Bischoff, Ertzbischoff, Primaten, machen eytel pfarrer drauß, das der Bapst allein sey vbir sie, wie er doch itzt ist, vnd den bischoffen, ertzbischoffen, primaten, kein ordenliche gewalt noch ampt lessit, allis zu sich reyssit, vnd yhn nur den namen vnd ledigen titel bleyben lessit, ßo weit auch das durch sein exemption, auch die kloster Abbt vnd prelaten, der ordenlichen gewalt der Bischoff entzogen, vnd damit kein ordnung in der christenheit bleybt, darauß dan folgen muß wie erfolget ist, nachlaß der straff vnd freyheit vbel zuthun, in aller welt, das ich furwar besorg, man mug den bapst nennen, hominem peccati. [E 4ᵇ] Wem kan man schult geben, das kein zucht, kein straff, kein regiment, kein ordnung in der Christenheit ist, den dem Bapst, der durch solch sein eygen vormessene gewalt, allenn prelatenn die handt zuschleust, die rutenn nymbt, vnd allen vnterthanen die handt auff thut, vnd freyheit gibt obber vorkeufft.

Doch das ehr nit klag er werde seiner vbirkeit beraubt,

folt vorordnet werden, das wo die primaten odder Ertz=
bischoff nit muchten ein sach außrichten, odder vnter yhnen
sich ein hadder erhub, das als dan die selb dem Bapst
wurd furtragenn, vnnd nit ein ygliche kleyne sach, wie
vortzeytten geschach, vnd das hochberumpt Concilij Nicenum
gesetzt hat, was aber on denn Bapst kan außgericht wer-
den, das seine heilickeit nit mit solchen geringen sachenn
beschweerd werde, sondern yhres gepets vnd studirn, vnd
sorgen fur die gantz Christenheit, wie er sich rumet, wartten
muge. wie die Aposteln theten Act .vi. vnnd sagten. Es
ist nit recht, das wir das wort gottis lassen, vnd dem
tisch dienen, wir wollen an dem predigen vnnd gepet
hangen, vnnd vbir das werck andere vorordnenn. Aber nu
ist Rom nit anders, den des Euangelij vnd gepets vor-
achtung, vnnd tiesch dienst, das ist, zeytlich guts, vnnd reymet
sich der Apostel vnd Bapst regiment zusammen, wie Christus
vnd Lucifer, hymel vnnd helle, nacht vnnd tag, vnd heyst
doch Christi vicarius, vnd der Aposteln nachfolger.

¶ Zum vierdenn, das vorordnet werd, das keinn welt-
lich sach gen Rom zogen werd, sondern die selben alle der
weltlichen gewalt lassenn, wie sie selbs setzen in yhren
geistlichen rechten, vnd doch nit halten. Denn des Bapst
ampt sol sein, das er der allergelertist in der schrifft,
vnnd warhafftig nit mit namen der allerheyli-[F 1ᵃ]gist,
regiere die sachen die den glauben vnd heyliges leben der
Christen betreffen, die Primaten vnd Ertzbischoff datzu hal-
ten, vnd mit yhn drynnen handeln vnd sorg tragen. wie
sanct Paul .i. Corint .vi. leret, vnd hertiglich strafft, das
sie mit weltlichen sachen vmbgiengen. Dan es bringt vn-
treglichen schaden allen landen, das zu Rom solch sachen
werden gehandelt, da große kost auff gaht, datzu die selben
richter nit wissen die sytten, recht vnd gewonheit der
lande, das mehr mal, die sachen zwingen vnd zihen noch
yhren rechten vnd opinionen, damit den parteyen muß
vnrecht geschehen.

Dabey, must man auch vorpieten in allen stifftenn,
die grewlich schinderey der Officiel, das sie nit mehr, dan
des glaubens sach vnd gutter sitten sich annemen. was
gelt, gut, vnd leyp odder ehre antrifft, den weltlichen

richtern laſſen. Darumb ſol die weltliche gewalt des
bannen vnd treyben nit geſtatten, wo es nit glawben obber
guttis lebenn antrifft. Geyſtlich gewalt ſol geyſtlich gut
regieren, wie das die vornunfft leret, geyſtlich gut aber
iſt nit gelt noch leyplich ding, ſzondern glaub vnd gutte
werck.

Doch mocht man gonnen, das ſach, die do lehen ober
pfreund betreffen, fur biſchoffen, ertzbiſchoffen, Primaten
gehandelt wurden. Drumb wo es ſein mocht, zuſcheyden
die hebder vnd krieg, das der primat in Germanien ein
gemeyn Conſiſtorium hielte, mit auditoribus, Cantzelern,
der, wie zu Rom, ſignaturas gratiae vnnd iuſtitiae regiret,
zu wilchem durch Appellation die ſachen in deutſchen landen
wurden ordenlich bracht vnd trieben. wilch man nit, wie
zu Rom, mit zufelligen geſchencken vnnd gaben beſolten
muſt, dadurch ſie gewonten, recht vnnd vnrecht vorkeuffenn,
wie ſie itzt zu Rom muſſen thun, darumb das yhn der
Bapſt kein [F 1ᵇ] ſolt gibt, leſſit ſie ſich mit geſchencken
ſelbs meſten, den es ligt yhe zu Rom niemandt etwas
dran, was recht obber vnrecht, ſondern was gelt obber
nit gelt iſt. ſondern mocht das thun von denn Annaten,
obber ſonſt ein weg erdencken, wie dan wol mugen, die
hochvorſtendiger vnnd in den ſachen baß erfaren den ich
bin. Ich wil nur angeregt vnd vrſach zugedencken geben
haben, denen, die do mugen vnd geneygt ſein, deutſcher
Nation zuhelffen, widberumb Chriſten vnd frey werden,
noch dem elenden, heydniſchen vnd vnchriſtlichem regiment
des Bapſts.

¶ Zum funfften, das keine reſeruation mehr gelte, vnd
kein lehen mehr behafftet werde zu Rom, es ſterbe der
beſitzer, es ſey hadder drob, obber ſey eynß Cardinals
obber Bapſts geſind. Vnd das man ſtrenglich vorpiete
vnd were, das kein Curtiſan auff yrgent ein lehen, hadder
anſahe, die frummen prieſter zu Citirn, tribulyrn, vnd
auffs contentirn treyben. Vnd wo darumb auß Rom ein
ban obber geiſtlicher zwanck keme, das man den vorachte,
als wenn ein dieb yemandt in ban thet, drumb das man
yhn nit wolt ſtelen laſſen. ia man ſolt ſie hart ſtraffen,
das ſie des bans vnd gotlichs namens ſzo leſterlich miß-

prauchen, yhre reuberey zustercken, vnd mit falschem er=
tichten drewen, vnß treyben wollen dahyn, das wir solch
lesterung gotlichs namen, vnd mißprauch Christlicher ge-
walt, sollen leyden vnd loben, vnd yhrer schalckheit fur
got teilhafftig werden, so wir yhr zuweren fur got
schuldig sein. wie sanct Paul Ro .i. die selben strafft, sie
sein des tods wirdig, das sie nit allein solchs thun,
sondern auch das sie vorwilligen vnd gestatten solchs zu-
thun. Zuuor aber die lugenhafftige Reseruatio pectoralis
ist vnleydlich, da [F 2ᵃ] durch, die Christenheit ßo lester-
lich vnnd offentlich wirt zur schmach vnd spot gesetzt, das
yhr obirster, mit offentlichen lugen handelt, vnd vmb das
vorflucht gut gunst yderman vnuorschampt betreugt vnd
narret.

¶ Zum sechsten, das auch abthan werden, die casus
reseruati, die behalten sell, damit nit allein viel gelt von
denn leutten geschunden wirt, ßondern viel armer gewissen
von den wuttrichten tyrannen vorstrickt vnd vorwirret, zu
vntreglichem schaden yhres glaubens zu got. Szonderlich
die lecherlichen, kindischenn fel, die sie auff blaßenn, mit
der bulla Cenae domini, die nit wirdig seinn, das mann
es teglich sund nennenn solt, schweyg dan, ßo grosse fel,
die der Bapst, mit keynem ablas nachlessit. als do seinn,
ßo yemand vorhyndert, ein pilgeryn gen Rom, odder brecht
den Turcken weere odder felscht des Bapsts brieffe. Narrenn
se vns, mit ßo groben, tollen vnbehenden stucken, Zodoma
vnd Gomorra vnnd alle sund, die widder gottis gebot
geschehen, vnd geschehen mugen, sein nit casus reseruati,
aber was got nie gepotten hat, vnd sie selb erdacht haben,
das mussen casus reseruati sein, nur das man niemant
hyndere gelt gen Rom zubringen, das sie fur den Turcken
sicher in wollust leben, vnd mit yhren loßen, vnnutzen
bullen vnd brieffe, die welt in yhrer tyranney behalten.

Solt nu billich ein solch wissen bey allen priestern
odder ein offentlich ordenunge sein, das kein heymliche
vnuorklagte sund, ein furbehalter sal ist. vnd ein yglicher
priester gewalt hat, allerley sund zuempienden, wie sie
ymer genennet werden, wo sie heymlich sein auch wider
[F 2ᵇ] Abt, Bischoff noch Bapst gewalt hat, der eine yhm

furtzubehalten. vnd wo sie das theten, ßo helt vnd gilt es nichts, weren auch drumb zustraffen, als die, on befelh, in gottis gericht fallen, vnnd on vrsach, die armen vnuorstendigen gewissen vorstricken vnnd beschweren. Wo es aber offentlich grosse sund sein, beßonder, widder gottis gebot, da hats wol ein grund, casus reseruatos zuhabenn, doch auch nit zuuiel, auch nit auß eygener gewalt on vrsach, Dan Christus hat nit tyrannen, sondern hyrten in seine kirche gesetzt, wie sanct Petrus sagt .i. Pet. vlt.

¶ Zum siebenden, das der Romische stuel die officia abthue, das gewurm vnd schwurm zu Rom wenigere, auff das, des Bapsts gesind muge von des bapst eygen gut erneret werden. vnd laß seinen hoff, nit aller kunigen hoff mit prangen vnd kosten vbirtreten. angesehen, das solch weßen nit allein nie gedienet hat zur sachen des Christlichen glaubens, ßondern sie auch daburch vorhyndert, am studirn vnd gepet, das sie selbs fast nichts mehr wissen vom glauben zusagen. wilchs, sie gar groblich beweysset haben, in dissem letzten Romischenn Concilio, darinnen vnter vielen kindischenn leychtfertigen artickel, auch das gesetzt haben, das des menschen seel sey vnsterblich, vnnd ein priester yhe ein mal ym Monat, sein gepet zusprechen schuldig ist, wil er sein lehen nit vorlierenn. Was solten die leut, vbir der Christenheit vnd glaubens sachen richten, die vor grossem geytz, gut vnd weltlicher pracht, erstockt vnd vorblend, nw allererst setzen die seel sey vnsterblich, wilch nit ein geringe schmach ist, aller Christenheit, so schimpflich zu Rom mit dem glauben vmbgahn. Hetten sie nu weniger gut vnd prangen, so mochten sie paß studieren vnd beetten, das sie wirdig vnd tuchtig wurdenn, [F 3ᵃ] des glauben sachen zuhandeln, wie sie vortzeytten waren, da sie Bischoffe vnnd nit kunige aller kunige zusein sich vormassen.

¶ Zum achten, das die schweren, grewlichen eyde auffgehaben wurden, ßo die Bischoff dem Bapst zu thun gezwungen, on allis recht, damit sie gleich wie die knecht gefangen werden, wie das vntuchtige, vngelarte capittel, Significasti, von eygener gewalt vnd groß vnuorstand setzit. Ists nit gnug das sie vnns gut, leyp, vnnd seel beschweren, mit vielen yhren tollen gesetzen, dadurch den glauben geschwecht, die Christenheit vorterbet, sie nemen den auch gefangenn die person, yhre ampt vnnd werck, dartzu auch die Jnuestitur, die vortzeitten der deutschen keyßer gewesen, vnd in Franckreich vnd etlichen kunigreich noch der kunige sein. Dar ober sie mit den keysern groß krieg vnd habder gehabt ßo lang biß das sie sie mit frecher gewalt genummen, vnd behalten haben bißher, gerad als musten die deutschen, fur allen Christen auff erden, des Bapsts vnnd Romischen stules gockel narn sein, thun vnnd leyden, was sonst niemant leyden noch thun wil. Dieweil den diß stuck eytel gewalt vnd reuberey ist, zu hynderniße bischofflicher ordenlicher gewalt, vnnd zuschaden der armen seelen. Ist der keyßer mit seinem adel schuldig, solch tyranney zu weeren vnd straffen.

¶ Zum newnden, das der Bapst obir den Keyßer kein gewalt habe, on das er yhn auff dem altar salbe vnnd krone, wie ein Bischoff einen Kunig kronet, vnd yhe nit der teuffelischen hoffart hynfurt zugelassen werde, das der keyßer des bapsts fueße kuß, obder zu seinen fussen sitze, obder wie man sagt, yhm denn stegreyff halte, vnd den zaum seines maulpferds, wen ehr aufffitzt zureytten. Noch viel weniger dem Bapst hulde [F 3ᵇ] vnd trewe vntertenickeit schwere, wie die bepste vnuorschampt furnehmen zufoddern als hetten sie recht dartzu. Es ist das capitel Solite, darynnen bepstlich gewalt obir keyßerlich gewalt erhebt wirt, nit einis hellers wert, vnd alle die sich drauff grunden obder dafur furchten, die weyl es nit anders thut, den die heyligen gottis wort zwingt vnd bringt, von yhren rechten vorstand, auff yhr eygene tremm, wie ich das antzeigt hab ym latein.

Solch obirschwencklichs, obirhochmutigs, obirfreuelichs furnehmen des Bapsts, hat der teuffel erdacht darunder mit der zeyt, den Endchrist eintzufuren, vnd den Bapst obir got zurheben, wie dan schon viel thun vnd than haben. Es gepurt nit dem Bapst, sich zurheben obir weltliche gewalt, den allein in geistlichen ampten, als do sein predigen vnnd absoluieren, in andern stucken sol er drunder sein, wie Paulus Roma .xiij. vnd .i. Petrus .iij.

leren, als ich droben gesagt habe. Er ist nit ein stathalter Christi ym hymel, sondern allein Christi auff erden wandellend, dan Christus ym hymel, in der regierenden form, darff keynis stathalters, sondern sitzt, sihet, thut, weyß vnnd vormag alle ding. Aber ehr darff seyn, in der dienendenn form, als er auff erden gieng, mit erbeyttenn, predigen, leyden vnd sterben, ßo keren sie es vmb, nehmen Christo die hymelisch regierende form, vnnd geben sie dem Bapst, lassen die dienende form gantz vntergehen. Er solt schier der widderchrist sein, den die schrifft heyssit, Antichrist, geht doch alle sein weßen, werck vnnd furnehmen widder Christum, nur Christus weßen vnnd werck zuvortilgen vnd vorstoren.

Es ist auch lecherlich vnd kindisch, das der Bapst auß solchem vorblendten, vorkereten grund sich rumet [F 4ᵃ] in seinem Decretal, Pastoralis, er sey des keyßertumbs ein ordenlicher erbe, so es ledig stunde, wer hat es yhm geben? hats Christus than da er sagt, die furstenn der heydenn sein hern, yhr aber solt nit ßo sein? Hats yhm sanct Peter auffgeerbet? Mich vordreusset, das wir solch vnuorschampt, grobe, tolle lugen mussen ym geystlichen recht leßen vnd leren, datzu fur Christlich lere haltenn, ßo es doch teuffelisch lugen sein. Wilcher art auch ist, die vngehorete lugen, De donatione Constantini. Es muß ein besundere plage von got gewesen sein, das ßouiel vorstendige leut, sich haben lassen bereden solch lugen auffzunehmen, so sie doch ßo gar grob vnd vnbehend sein, das mich dunckt, es solt ein truckenn bawr behender vnd geschickter liegen kunden. Wie solt bestan bey einem keyßerthum zuregieren, predigen, beten, studiern, vnnd der armen warttenn, wilch ampt auffs aller eygentlichst dem Bapst zustehen, vnnd von Christo mit ßo grossem ernst auffgelegt, das ehr auch vorpot, sie solten nit rock, nit gelt mit sich tragen. Seintemal der kaumend solcher ampt wartten kan, der eyn eynigs hauß regieren nuß, vnnd der bapst wil keyßertumb regieren, dartzu bapst bleyben. Es haben die buben erdacht, die vnter des Bapsts namenn gerne hern weren vbir die welt, vnd das vorstoret Romisch reich durch den Bapst, vnnd namen Christi widder auffrichten wie es vor geweßen ist.

¶ Zum zehendenn, das sich der Bapst enthalt, die handt auß der suppen zihe, sich keynis titels vnterwinde, des kunigreichs zu Neapel vnnd Sicilien. Er hat eben ßo viel recht drann als ich, wil dennocht Lehenherr drober sein. Es ist ein raub vnd gewalt, wie fast alle ander seine gutter sein, drumb solt yhm der keyßer [F 4ᵇ] solchs lehens nit gestatten, vnd wo es geschehn were, nit mehr vorwilligen, ßondern yhm die Biblien vnd betbuch dafur antzeygenn, das ehr weltlich hern lasse land vnd leut regieren, ßonderlich die yhm niemant geben hat, vnd er predige vnd bette.

Solch meynung solt auch gehalten werden, vber Bononien, Jmola, Vincentz, Rauen, vnd allis was der Bapst in der Anconitaner Marck, Romandiol, vnd mehr lender welschis lands, mit gewalt eingenommen, vnnd mit vnrecht besitzt, datzu widder alle gebot Christi vnd sanct Pauels sich dreyn menget. den alßo sagt sanct Paul, Niemant wickelt sich in die weltlichen geschefft, der gotlicher ritterschaff wartten sol, Nu sol der Bapst das heubt vnd der erste sein, in disser ritterschaff, vnd menget sich mehr in weltlich geschefft, den kein keyser noch kunige, yhe ßo must man yhm erauß helffen, vnd seiner ritterschafft warten lassen. Christus auch des stathalter ehr sich rumet, wolt noch nie mit weltlichem regiment zuschaffen haben, ßo gar, das er zu einem der ein vrteil von yhm vbir seinen bruder begeret sprach, wer hat mich dir zu einem richter gemacht? Aber der Bapst feret einhin vnberuffen, vnterwindet sich aller dinge, wie ein got, biß das er selb nit mehr weyß, was Christus sey, des stathalter er sich auffwirfft.

¶ Zum eylfften, das das fußkussen des Bapsts, auch nit mehr geschehe. Es ist ein vnchristlich, ia Endchristlich exempel, das ein armer sundiger mensch yhm lessit seine fuß kussen, von dem, der hundertmal besser ist den er, geschicht es der gewalt zueren, warumb thut es der Bapst auch nit den andern, der heylickeit zueren. Halt sie gegen ander, Christum vnd den Bapst, Christus wusch seinen iungern die fuß vnd trocknet sie, vnd die iungern wuschen sie yhm noch nie. Der Bapst als [G 1ᵃ] hoher den

Christus keret das vmb, vnnd lesset es ein groß gnade seinn, yhm seine fusse zukussenn, der doch das billich, ßo es yemand von yhm begeret, mit allem vormugen weeren solt, wie sanct Paul vnd Barnabas die sich nit wolten lassen ehren als got, von den zu Lystris, sondern sprochen, wir sein gleich menschen als yhr. Aber vnßer schmeychler habens ßo hoch bracht, vnd vns einen abtgot gemacht, das niemant sich ßo furcht fur got, niemant yhn mit solchem geperdenn ehret, als den Bapst. Das kunnen sie wol leyden, aber gar nicht, ßo des Bapsts prachten ein harbreit wurd abbrochen. wen sie nu Christen weeren, vnd gottis ehre lieber hetten den yhr eygenn, wurd der Bapst nymmer frolich werden, wo er gwar wurd, das gottis ehre vorachtet, vnd seine eygene erhabenn were, wurd auch niemant lassen yhn ehren, biß her vormerckt das gotis ehre widder erhaben, vnd grosser den sein ehre were.

Der selben groß ergerlichen hoffart ist auch das ein heßlich stuck, das der Bapst yhm nit lessit benugenn, das er reytten odder farenn muge, ßondern, ob er wol starck vnd gesund ist, sich von menschen, als ein abtgot mit vnerhorter pracht, tragen lessit. Lieber wie reymet sich doch solch Lucifersche hoffart, mit Christo, der zufussen gangen ist, vnd alle seine Aposteln? Wo ist ein weltlicher kunig geweßen, der ßo weltlich vnd prechtig yhe gefaren hat, als der feret, der ein heubt sein wil, aller der die weltlich pracht vorschmahen vnd fliehen sollen, das ist, der Christen. Nit das vns das fast sol bewegen an yhm selbs, ßondern, das wir billich gottis zorn furchten sollen, ßo wir solcher hoffart schmeychlen, vnd vnsern vordrieß nit mercken lassen. Es ist gnug das der bapst alßo tobet vnd narret. Es ist aber zuuiel ßo wir das billichen vnd vorgunnen.

Dan wilch Christen hertz mag odder sol das mit lust sehen, das der Bapst, wen er sich wil lassen communiciern, stille sitzt als ein gnad Jungher, vnd lessit yhm das sacrament von einem knienden gebeugten Cardinal mit einem gulben rohr reychen, gerad als were das heylig sacrament nit wirdig, das ein bapst, ein armer stinckender sunder auffstund, seinem Got ein ehr thet, ßo doch alle andere Christenn, die viel heyliger seinn den der allerheyligiste vatter der bapst, mit aller ehrbietung dasselb empfahenn. was were es wunder das vns got allesampt plagt, das wir solche vnehre gottis leydenn vnd loben in vnsern prelaten, vnd solcher seiner vorsampten hoffart, vns teylhafftig machen, durch vnßer schweygen odder schmeychlen.

Alßo geht es auch, wen er das sacrament in der procession vmbtregt, yhn muß man tragen, aber das sacrament stet fur yhm wie ein fandel weynß auff dem tisch, kurtzlich, Christus gilt nichts zu Rom, der bapst gilts alles sampt, vnd wollen vns dennoch bringen vnnd bedrewenn, wir sollen solch Endchristliche tabdel, billichen, preyssen vnd ehren, widder got vnd alle Christliche lere, helff nu got einem freyen Concilio, das es den Bapst lere, wie er auch ein mensch sey, vnnd nit mehr dan got, wie er sich vnter= stehet zu sein.

¶ Zum zwelfften, das man die walfarten gen Rom abethet, obber niemant von eygener furwitz obber anbacht wallen liesse, er wurd dan zuuor von seinem pfarrer, stab, obber obirhern erkant, gnugsam vnd reblich vrsach haben. Das sag ich nit darumb, das walfarten boße seyn, ßon= dern das sie zu disser zeit vbel geratten, dan sie zu Rom kein gut exempel, ßondern eytel ergerniß sehen. vnnd wie sie selb ein sprichwort gemacht haben, yhe nehr Rom, yhe erger Christen, bringen sie mit sich, vorachtung gottis vnd gottis geboten. Man sagt wer das erste mal gen Rom gaht, der sucht einen schalck zum andern mal synd er yhn, zum dritten, bringt er yhn mit crauß. Aber sie sein nw ßo geschickt wordenn, das sie die drey reyß auff ein mal auß= richten, vnnd haben furwar vns solch stucklin auß Rom bracht, es were besser, Rom nie gesehen noch erkandt.

[G 1ᵇ] Vnd ob schon diesse sach nit were, ßo ist doch noch da, ein furtrefflicher. Nemlich die, das die einfeltigen menschen dadurch vorfuret werden, in einem falschen wahn, vnd vnuorstand gotlicher gebot. Dan sie meynen, das solch wallenn sey ein kostlich gut werck, das doch nit war ist. Es ist ein gering gut werck, zu mehr mallen ein boß vorfurisch werck, den got hat es nit gepotten. Er hat aber gepotten, das ein man seynis weybes vnd kinder wartte, vnd was dem ehlichen standt zugepurt, dabey seinem nehsten dienen vnnd helffenn. Nu geschicht es, das einer gen Rom wallet, vortzeret funfftzig hundert, mehr obber weniger, guldenn, das yhm niemant befolhen hat, vnnd lessit sein weyb vnnd kind, obber yhe seinen nehsten daheymen nodt leyden, vnd meynet doch der toricht mensch, er wol solche vngehorsam vnd vorachtung gotlicher gebot, mit seinem eygenwilligen wallen schmucken, ßo es doch ein lautter furwitz, obber teuffels vorfurung ist. Da haben nu zugeholffen die Bepste mit yhrem falschen, ertichten,

nerrischen gulden iaren, damit das volck erregt, von gotis
gebotten gerissen, vnd zu yhren eygen vorfurischenn fur-
nehmen getzogen, vnd eben dasselb angericht, das sie solten
vorpotten haben. Aber es hat gelt tragen, vnd falschen
gewalt gesterkt, drumb hats must fortgahen, es sey wibber
got, obber der seelen heyl.

Solch falsch vorfurischen glauben der einfeltigen Christen,
außzurotten, vnd widderumb, einenn rechtenn vorstand gutter
werck auffzurichtenn, solten alle wallefart nybergelegt wer-
den, den es ist kein guttis nit drynnenn, kein gepot, kein
gehorsam, sondern vntzehlich vrsach der sunden, vnnd gottis
gepot zuuorachtung. Daher kummen ßo viel betler, die
durch solch wallen [G 2ª] vntzehlich buberey treyben, die
betteln on not leren vnd gewonenn.

Da kumpt her, frey leben vnnd mehr iamer, die ich
itzt nit zelenn wil. Wer nu wolt wallen obber wallen
geloben, solt vorhyn seinem Pfarrer obber vbirhern, die
vrsach antzeygen, fund sichs das erß thet, vmb guttis
werckis willenn, das das selb gelubt vnnd werck, durch den
pfarrer obber vbirhern, nur frisch mit fussen tretten wurd,
als ein teuffelisch gespenst. vnd yhm antzeygt, das gelt vnnd
die erbeyt, ßo zur walffart gehoret, an gottis gebot vnnd
tausentmal besser werck antzulegenn. das ist, an die seinen,
obber seine nehste armenn. Wo erß aber auß furwitz
thet, land vnnd stedt zubesehenn, mag man yhm seynen
willen lassenn. Hat erß aber in der kranckheit gelobet,
das man die selben gelubd vorpiette, vorspreche, vnnd die
gottis gebot dagegen emporhebe, das er hynfurt yhm be-
nugenn lasse an dem gelubd in der tauffe geschehen, gottis
gebot zu halten. Doch mag man yhm auff das mal,
sein gewissen zustillenn, sein nerrisch gelubd lassen auß-
richtenn. Niemandt wil die richtige gemeyne straß got-
licher gebot wandeln, ybermann macht yhm selb new weg
vnd gelubd, als het er gottis gebot alle volnpracht.

¶ Darnach kummen wir auff den grossenn hauffen,
die das viel geloben, vnd das wenig halten. Zurnet nit
liebenn hern, ich meyn es warlich gut, es ist die bittere
vnnd susse warheit, vnnd ist, das man yhe nit mehr bettel
Closter bawenn lasse, hilff got, er ist schon viel zu viel.

Ja wolt got sie werenn alle abe, obder yhe auff zween obder drey ordenn hauffet. Es hat nichts guts thann, es thut auch nymmer mehr gut, yrrhe lauffenn auff dem landt. Drumb ist meinn Radt, [G 2ᵇ] Man schlag zehen, obder wieuiel yhr not ist, auff einen hauffen, vnd mach eynis drauß, das gnugsam vorsorgt, nit betteln durffe. O es ist hie viel mehr anzusehen, was gemeynem hauffenn zur selickeit not ist, den was sanct Franciscus, Dominicus, Augustinus, obder yhe ein mensch gesetzt hat, besondern weyl es nit geratten ist, yhrer meynung nach.

Vnd das man sie vberhebe, predigens vnnd beychtens, Es were dan das sie von Bischoffen, pfarrenn, gemeyne, obder obirkeit datzu beruffenn vnnd begeret wurden. Ist doch auß solchem predigen vnd beychten nit mehr dan eytel haß vnd neydt zwischen pfaffen vnd munchen, groß ergerniß vnd hynderniß des gemeynen volcks, erwachßen, damit es wirdig wurden, vnd wol vordienet auffzuhoren, die weyl sein mag wol geratten werden. Es hat nit ein vngleich ansehen, das der heylige Romische stuel solch her, nit vmb sonst gemehret hat, auff das nit die priesterschafft vnd bistum, seiner tyranney vnleydig, einmal yhm zustarck wurden, vnd ein reformation anfiengen, die nit treglich seiner heylickeit were.

Dabey solten auch auffgehaben werdenn, ßo mancher= ley secten vnd vnterscheyd eynerley ordens, wilche zuweylenn, vmb gar geringe vrsach sich erhaben, vnnd noch viel ge= ringer sich erhalten, mit vnsaglichem haß vnd neyd gegen= ander streyttend, ßo doch nichts deste weniger der Christliche glaub, der on alle solch vnterscheyd wol bestat, auff beyder seytten vntergaht, vnnd ein gut Christlich leben, nur nach den eußerlichen gesetzen, wercken vnd weyßen geschetzt vnd gesucht wirt, dauon nit mehr dan gleyßnerey vnd seelen vorterben folgen vnd erfunden werden, wie das fur augen yderman sicht.

[G 3ᵃ] Es must auch dem Bapst vorpotten werden, mehr solcher orden auffzusetzen obder bestetigen, ia befolen werden, etlich abezuthun vnd in wenigere zal zuzwingen. Seintemal der glaub Christi, wilcher allein das heubt= gut ist, vnd on eynigerley orden bestet, nit wenig fahre

leydet, das die menschen durch souiel vnd mancherley werck
vnd weyßen, leichtlich vorfuret werden, mehr auff solch
werck vnd weyße zuleben, den auff den glauben zuachten.
vnd wo nit weyße prelaten in klostern sein, die do mehr
den glaubenn, den des ordens gesetz predigen vnnd treyben,
da ists nit muglich, das der orden solt nit scheblich vnnd
vorfurisch sein, einseltigenn seelen die auff die werck allein
achten haben.

Nu aber zu vnsern zeitten gefallen sein, fast an allen
ortern die prelaten die den glauben gehabt vnd die orden
eingesetzt haben, gleich wie vortzeiten bey den kindern von
Jsrael, da die vetter abgangen waren, die do gottis
werck vnd wunder erkennet hatten, so bald anfiengenn
yhre kinder auß vnuorstand gotlicher werck vnd glaubens,
abtgotterey, vnnd eygene menschliche werck auffzurichten.
Alßo auch itzt leyder, solch orden vnuorstendig worden got-
licher werck vnd glaubens, nur in yhren eygen regelen, ge-
setzen vnnd weyßen sich iemerlich marteren, muhen vnd
erbeytten, vnnd doch nymmer zu rechtem vorstand eynis
geistlichen guttis lebens kummen, wie der Apostel ij. Timot. iij.
vorkundigt hat vnd gesagt, Sie haben einen schein einis
geistlichen lebens, vnnd ist doch nichts dahynndenn, lernen
ymmer vnd ymmer, vnd kummen doch nit dahyn, das sie
wissen, was warhafftig geistlich leben sey, so were es besser,
das kein kloster da were, wo kein geystlicher vorstendiger
ym Christlichen glauben Prelat regieret, den der selb mag
nit on schaden vnd vorterben regieren, [G 3ᵇ] vnd souiel
mehr, souiel er heyliger vnd eynis guttenn lebens scheynet,
in seinen eußerlichen wercken.

Es were meynis bedenckens ein nottige ordnung, be-
sondern zu vnsern ferlichen zeytten, das stifft vnnd kloster
widderumb wurden auff die weyße verordenet, wie sie waren
ym anfang, bey denn Aposteln vnnd ein lang zeit her-
nach, da sie alle frey waren, einem yderman drynnen zu-
bleyben so lang es yhm gelustet. Dan was sein stifft
vnd kloster anders geweßen, den Christliche schulenn, dar-
ynnen man leret, schrifft vnnd zucht nach Christlicher weyße,
vnnd leut auff ertzog, zuregieren vnnd predigen. wie wir
leßen, das sanct Agnes in die schule gieng, vnd noch

sehen, in etlichenn frawen klostern, als zu Queblingborg vnnd der gleychen, furwar es solten alle stifft vnd kloster auch ßo frey sein, das sie got mit freyem willen, vnd nit ge-tzwungen dienstenn dientenn.

Aber darnach hat man es gefasset mit gelubbenn, vnd ein ewig gefencknis drauß gemacht, das auch dieselbenn mehr, dann die tauff gelubb wirt angesehenn, was aber fur frucht drauß ist kummen, sehen, horen, leßen vnd erfaren wir teglich mehr vnd mehr. Ich acht wol solcher mein rab-schlag sey auffs allertorlichst angesehen, da frag ich itzt nit nach. Ich radt was mich gut dunckt, vorwerff wer es wil, ich sich wol, wie die gelubb werden gehaltenn, ßonderlich der keuscheit, die ßo gemeyn durch solch kloster wirt, vnd doch von Christo nit gepoten, ßondern fast wenigen geben wirt. wie er selb vnnd sanct Paul sagt, Ich wolt gerne yderman geholffen sein, vnd nit fangen lassen Christliche seelen durch menschliche eygene erfunden weyße vnd gesetz.

[G 4ᵃ] ¶ Zum viertzehenden, wir sehen auch wie die priesterschafft gefallen, vnd mancher armer pfaff mit weib vnnd kind vbirladenn, sein gewissenn beschweret, da doch nie-mannt zu thut yhnen zuhelffenn, ob yhn fast wol zu-helffen were, lest Bapst vnnd Bischoff hie gehen was do geht, vorterben was do vortirbt, Szo wil ich errebten mein ge-wissenn, vnd das maul frey auffthun, eß vordrieß Bapst, Bischoff, odder wen es wil. vnd sag alßo.

Das noch Christus vnd der Apostel einsetzenn, ein ygliche stadt, einen pfarrer odder Bischoff sol haben, wie klerlich Paulus schreybt Tit. i. vnnd der selb pfarrer nit ge-drungen on ein ehlich weyb zuleben, ßonder muge eynis habenn. wie sanct Paul schreybt .i. Timot .iij. vnnd Tit. i. vnnd spricht. Es sol ein Bischoff sein ein man der vn-strefflich sey, vnnd nur eynis ehlichen weybs gemalh, wilchs kindere, gehorsam vnnd zuchtig sein ꝛc. Den ein Bischoff vnd pfar ist ein ding bey sanct Paul, wie das auch sanct Hieronymus beweret. Aber die Bischoff die itzt sein, weyß die schrifft nichts vonn, ßondern sein vonn Christlicher gemeyn, ordnung gesetzt, das einer vbir viel pfarr regiere.

Alßo leren wir auß dem Apostel klerlich, das in
der Christenheit solt alßo zugahenn, das einn ygliche stat
auß der gemeynn, eynen gelereten frumenn burger er=
wellet, dem selbenn das pfar ampt befilhe, vnd yhn vonn
der gemeyn erneret, yhm frey wilkoer ließ, ehelich zu wer-
denn, obber nit, der nebenn yhm mehr priester obber
Dyaconn hette, auch ehlich obber wie sie wolten, die den
hauffen vnd gemeyn hulffen regieren, [G 4ᵇ] mit predigen
vnd sacramenten, wie es den noch blieben ist, in der
kriechschen kirchen. Da sein nu hernach mals da ßo viel
vorfolgung vnd streyttes war widder die ketzer, viel heyliger
vetter gewesen, die sich freywillig des ehlichenn stands
vorzeyhet habenn, auff das sie deste baß studiereten vnd
bereyt weren auff alle stund, zum tod vnd zum streyt.

Da ist nw der Romisch stuel, auß eygenem freuel dreyn
gefallen, vnd ein gemein gebot drauß gemacht, vorpotten
dem priester stand ehlich zusein, das hat yhn der teuffel
geheyssenn. wie sanct Paulus .i. Timot. iiij. vorkundigt,
Es werden kummen lerer, die teuffels lere bringen vnd vor-
pieten ehlich zuwerden ꝛc. dadurch leyder ßouiel iamers
erstanden, das nit zurzelen ist, vnnd hat dadurch vrsach
geben der kriechßen kirchen sich abtzusondern, vnd vnendlich
zwitracht, sund, schand, vnd ergerniß gemehret, wie dan
thut, allis was der teuffel anfahet vnd treybet, was woln
wir nw hie thun?

Ich rad man machs widder frey, vnd laß einem yeglichen
sein frey wilkore, ehlich obber nit ehlich zuwerden. Aber
da must gar viel ein ander regiment vnd ordnung der
gutter geschehen, vnnd das gantz geystlich recht zu poden
gehen, vnd nit viel lehen gen Rom kummen. Ich besorg,
der geytz sey ein vrsach gewesen der elenden, vnkeuschen keusch-
eit, darauß dan gefolget, das yderman hat wollen pfaff wer=
den, vnd yderman sein kind brauff studieren lassen, nit der
meynung, keusch zuleben, das wol on pfaffen stand geschehen
kund, sondern sich mit zeytlicher narung on erbeyt vnd muhe
zurneren, widder das gebot gottis Gen. iij. Du solt
dein brot essenn ym schweyß deynis angesichts, habenn
yhm eine farb angestrichen, als solt yhr erbeit sein betten
vnnd meß halten.

[§ 1ᵃ] Ich laß hie anstehen Bapst, Bischoff, stifft pfaffen, vnnd munch, die got nit eingesetzt hat, habenn sie yhn selbs burden auffgelegt, ßo tragen sie sie auch. Ich wil reden von dem pfarr stand, den got eingesetzt hat, der ein gemeyn, mit predigen vnnd sacramenten regierenn muß, bey yhnen wonen, vnd zeytlich hauß halten. den selben solt durch ein Christlich Concilium nachgelassen werden freyheit, ehlich zuwerden, zu vormeydenn ferlickeit vnd sund. den die weil sie got selb nit vorpunden hat, ßo sol vnd mag sie niemant vorpindenn, ob er gleich ein engel vom hymel were, schweyg dan bapst, vnd was da gegen ym geistlichen recht gesetzt, sein lautter fabeln vnd geschwetz.

Weytter rad ich, wer sich hynfurt weyhen lessit zur pfarr obber auch sonst, das er dem Bischoff, in keinen weg gerede, keuscheit zuhalten, vnd halt yhm entgegen, das er solch gelubb zufodern, gar kein gewalt hat, vnd ist ein teuffelisch tyranney solchs zufoddern. Muß man aber obber wil sagen, wie etlich thun, Quantum fragilitas humana permittit. ßo deutte ein yeglicher die selben wort frey negatiue, id est, non promitto castitatem, den fragilitas humana non permittit caste viuere, sondern allein, angelica fortitudo et celestis virtus, auff das er ein frey gewissen, on alle gelubb behalte.

Ich wil nit radten, auch nit weeren, daß ßo noch nit weyber haben, ehlich werden, obber on weyb bleyben, stel das auff ein gemein Christlich ordnung, vnd einis yglichen bessern vorstand. Aber dem elenden hauffen wil ich meynen trewen radt nit bergen, vnd yhren trost nit vorhaltenn, die do itzt mit weyb vnd kind vbirfallen, in schanden vnnd schweeren gewissen sitzenn, das man sie ein pfaffenn hure, die kind, pfaffenn kind schilt, vnd sag das fur mein hoffrecht frey.

[§ 1ᵇ] Man findt manchen frummen pfarrer, dem sonst niemand kein tabel geben mag, den das er gebrechlich ist, vnnd mit einem weyb zuschanden worden, wilch doch beyde alßo gesynnet sein in yhres hertzen grund, das sie gerne wolten ymer bey eynander bleyben, in rechter ehlicher trew, wen sie nur das mochten mit gutten ge-

wiſſen thunn, ob ſie auch gleich die ſchand muſſen offent=
lich tragen, die zwey ſein gewißlich fur got ehlich. Vnd
hie ſag ich, das wo ſie ſzo geſynnet ſein, vnd alſo in ein
leben kommen, das ſie nur yhr gewiſſen friſch errebten,
er nehm ſie zum ehlichen weyb, behalt ſie, vnd leb ſonſt
redlich mit yhr, wie ein ehlich mann. vnangeſehen, ob das
der Bapſt wil odder nit wil, es ſey widder geyſtlich odder
fleiſchlich geſetz. Es ligt mehr ann deiner ſeelen ſelickeit,
den an den tyranniſchen, eygengeweltigen, freuelichen ge=
ſetzen, die zur ſelickeit nit not ſein, noch von got gepotten.
vnd ſolt eben thun, als die kinder von Iſrael, die den
Aegiptern ſtolen yhren vordienten lohn, odder wie ein
knecht ſeinem boßwilligen hern, ſeinen vordienten lohn ſtule,
alſzo ſtiel auch dem Bapſt dein ehlich weyb vnd kindt.

Wer den glauben hat ſolchs zuwagenn, der folge
mir nur friſch, ich wil yhn nit vorfuren, hab ich nit ge=
walt als ein Bapſt, ſzo hab ich doch gewalt als einn
Chriſten, meynem nehſten zuhelffen vnd rabten, von ſeinen
ſunden vnd ferlickeiten. Vnnd das nit on grund vnnd vrſach.
Zum erſtenn, Es kan yhe nit ein yglicher pfar eynis weybes
mangeln, nit alleinn der gebrechlickeit, ſzondern viel mehr,
des haußhalten halben. Sol er den ein weyb halten,
vnd yhm der Bapſt das zuleſſit, doch nit zur ehe haben.
was iſt das anders gethan, [H 2ᵃ] dan ein man vnd weyb
bey einander allein laſſen, vnnd doch vorpieten, ſie ſolten
nit fallen, Eben als ſtro vnd fewr zuſammen legen, vnd
vorpieten es ſol widder rauchen noch brennen. Zum andern,
das der Bapſt ſolchs nit macht hat zupietenn, als wenig
als er macht hat zuuorpieten, eſſen, trincken, vnd den
naturlichenn außgang, odder feyſt werdenn, drumb iſts
niemandt ſchuldig zuhaltenn, vnnd der Bapſt ſchuldig iſt
aller ſund, die dawider geſchehen, aller ſeelen, die dadurch
vorloren ſein, aller gewiſſen, die dadurch vorwerret vnd ge=
martert ſeinn, das er wol lengiſt wirdig weere, wer yhn
auß der welt vortrieben hette, ſo viel elender ſeelen er
mit dem teuffeliſchen ſtrick erwurgt hat. wie wol ich hoff, das
vielen got an yhrem end gnediger ſey geweßen, denn der
Bapſt an yhrem lebenn. Es iſt noch nie guttis, vnnd
wirt nymmer mehr auß dem Bapſtum vnd ſeinen geſetzen,

kummenn. Zum dritten, ob schon des Bapsts gesetz da-
widder ist, ßo doch einn ehlich stand wirt angefangenn
widder des Bapsts gesetz, ist schon sein gesetz auß, vnnd
gilt nit mehr, dan gottis gebot, der do gebeut, das man
vnd weyb niemant scheyden sol, geht weyt vbir des Bapsts
gesetz, vnnd muß nit gottis gebot, vmb des bepstlichen
gebottis willen zurissen werden vnnd nachbleyben. Wie
wol vil toller Juristen mit dem Bapst haben Jmpedimenta
erfunden, vnd dadurch vorhyndert, zurteylet, vorwerret den
ehlichenn standt, das gottis gebot ist drob gantz vnter-
gangenn. Was sol ich viel sagenn, sein doch in dem
gantzen geystlichen Bapsts gesetz, nit zwo zeyllen, die einen
frummen Christen mochten vnterweyßen, vnd leyder ßouiel
yrriger vnd serlicher gesetz, das nit besser weere man mecht
ein Rotten hauffen brauß.

[H 2ᵇ] Sprichstu aber, Es sey ergerlich, vnd muß zu-
uor der Bapst drynnen dispensieren. Sag ich, was ergerniß
drynnen ist, das sey des Romischen stuels schuld, der solch
gesetz, on recht vnnd widder got gesetzt hat, fur got vnnd
der heyligenn schrifft ist es kein ergerniß. Auch wo der
Bapst kan dispensieren vmbs gelt, in seinen geltsuchtigen,
tyrannischen gesetzenn, ßo kan auch ein yeglicher Christen
vmb gottis vnnd der seelen selickeit willenn, eben in dem
selben dispensierenn. Dan, Christus hat vns frey ge-
macht von allen menschen gesetzen, zuuor wo sie widder
got vnnd der seelen selickeit sein. wie Gal. v. vnnd .i. Corint. xi.
sanct Paulus leret.

¶ Zum funfftzehenden, Das ich auch der armen kloster
nit vorgeß. Es hat der boß geyst, der nw alle stend, durch
menschen gesetz vorwerret vnd vntreglich gemacht hat, auch
etliche Ebte, Ebtissen vnd prelaten besessen, das sie yhrn
brudern vnd schwestern also vorstehen, das sie nur bald
zu helle faren, vnnd ein elend weßen auch hie furen,
wie dan thun alle teuffels merterer. Nemlich haben sie yhn
furbehaltenn in der beicht, alle obder yhe etliche todsund,
die do heymlich seinn, das sie kein bruder dem andern
sol auffloßen, bey ban vnnd gehorsam. Nu findet man an
allen ortten nit allezeit Engel, ßondern auch fleysch vnd blut,
die ehe alle ban vnd drewen leyden, ehe sie den prelaten vnd

beſtimpten beychtigern, yhr heymlich ſund wolten beychtenn, gehn brauff zum ſacrament mit ſolchen gewiſſenn, daburch den ſie irregulares werden, vnd des iamers viel mehr. O blinde hyrttenn, o tolle prelatenn, o reyſſend wolffe.

Hie ſag ich, wenn die ſund offentlich iſt obber bekant, ßo iſts billich das der prelat allein ſie ſtraffe, vnd die ſelben allein vnd kein andere mag er yhm furbehal=[H 3ᵃ]ten vnd außtzihen, der heymlichen hat er keine gewalt, wenß gleich die ergiſten ſund wecren, die man findet, obber finden kan. Vnnd wo der prelat die ſelben außtzeugt, ßo iſt er ein Tyran, hat ſein nit recht, greyfft in gottis gericht. Szo radt ich den ſelbenn kindeln, brudern vnnd ſchweſtern, wollen die vbirſten nit laub geben zubeichten die heym= lichen ſund, wilchem bw wilt, ßo nym ſie ſelber, vnnd klage ſie deinem bruder obber ſchweſter, dem obber do du wilt, laß dich abſoluirnn vnd troſten, gancf vnnd thu brauff was du wilt vnnd ſolt, gleub nur feſt, das du ſelyſt ab= ſoluirt, ßo hat es nit nodt. Vnd den ban, irregulerłtet, obber was ſie mehr drewen, laß dich nit betruben noch yrre machen, ſie gelten nit weytter, ben auff die offentlichen, obber bekannten ſunden, ßo die ymant nit wolt bekennenn, es trifft dich nichts. Was nympſtu dir fur, du blinder prelat, durch dein drewen heymlich ſund zuweren? laß farenn was du nit offentlich erhalten kanſt, das gottis gericht vnnd gnade, auch zuſchaffen habe mit den deynen. Er hat dir ſie nit ßo gar in deine hand befolhen, das er ſie gantz auß ſeiner gelaſſen habe. Ja du haſt das weniger teyl vnter dyr, laß dein ſtatut ſtatut ſein, vnd heb ſie nit in den hymel, in gottis gericht.

¶ Zum ſechtzehendenn, Es weere auch not, das die Jartag, begecfniß, ſeelmeſſen, gar abethann, obber yhe geringert wurdenn. Darumb, das wir offentlich ſehen fur augen, das nit mehr, ben ein ſpot brauß worden iſt, damit got hochlich erzurnet wirt, vnd nur auff gelt, freſſen vnd ſauffen gericht ſein. Was ſolt got fur ein gefallen drynnen haben, wen die elenden Vigilien vnd Meſſen, ßo iemer= lich geſchlappert werdenn, noch geleßen noch gebettet, vnnd ob ſie ſchon gepettet wurden, doch nit vmb gottis willen auß freyer liebe, [H 3ᵇ] ſondern vmb gelts willenn, vnnd vorpflichter ſchuld, volnbracht werden. Nu iſts doch nit muglich das got einn werck gefalle, obber etwas bey yhm erlange, das nit in freyer liebe geſchicht. Szo iſts yhe chriſtlich das wir allis ab= thun, obber yhe weniger machen, was wir ſehen, in einen mißprauch kummen, vnnd got mehr erzurnet den vorſunet. Es were mir lieber, ia got angenehmer vnd viel beſſer, das ein ſtifft, kirche obber kloſter, alle yhre ierliche meß vnd vigilien auff einen hauffenn nehmen, vnd hielten einen tag, ein rechte Vigilien vnd Meſſe, mit hertzlichem ernſt, andacht vnnd glauben fur alle yhre wolthater, dan das ſie yhr tauſent vnd tauſent alle Jar, einem yglichenn eine beſzondere hielten, on ſolch andacht vnd glauben. O lieben Chriſten es ligt got nicht an viel, ſzondern an wol betten, Ja er vordampt die langen vnnd viel gepeeten Matt. vi. vnnd ſagt, ſie werden nur mehr peyn damit vordienen. Aber der geytz, der got nit kann trawenn, richtet ſolch weſen an, hat ſorge er muſte hungers ſterben.

¶ Zum ſibentzehenden, Man muſt auch abethun etlich pene obber ſtraff des geiſtlichen recht, ſzonderlich das Inter= dict, wilch on allenn zweyffel der boß geyſt erdacht hat. Iſt das nit ein teuffeliſch werck, das man eine ſund beſſern wil, mit vielen vnd groſſern ſunden. Es iſt yhe groſſer ſund, das man gottis wort vnd dienſt ſchweygt obber niderlegt, den ob einer zwentzig Bepſte het erwurgt auff ein mal, ſchweyg den einenn prieſter, obber geyſtlich gut behaltenn. Es iſt auch der zarten tugent eine, die yhm geyſtlichenn recht gelernet werden, den das geyſtlich recht heyſſet auch darumb geyſtlich, das es kompt von dem geyſt, nit vonn dem heyligen geyſt, ſzondern von dem boßen geyſt.

Den Ban muſt man nit ehr gebrauchen, den wo die ſchrifft weyſet zuprauchen, das iſt, widder die do nit recht glewben, obber in offentlichen ſunden leben, nit vmbs zeytlich gut. Aber nw iſts vmbkeret, gleubt, lebt ydermann wie er wil, eben die am meyſtenn, die ander leut ſchinden vnnd ſchenden mit bannen, vnd alle ban itzt nur vmbs zeytlich gut ganghafftig ſein, wilchs wir auch niemant, den dem heyligen geyſtlichen vnrecht zu dancken habenn. Dauon ich vorhyn ym ſermon weytter geſagt habe.

Die andern straffen vnd penen, suspension, irregulritet, aggrauation, reaggrauation, deposition, blixen, donner, vormaledeyenn, vordampnen, vnnd was der funble mehr sein, solt man tzehenn ell tieff begraben in die erden, das auch yhr nam vnd gedechtnis nit mehr auff erden were. Der boß geyst, der durchs geystlich recht ist loß worden, hat solch grewlich plage vnnd iamer, in das hymelisch reich der heyligen Christenheit bracht, vnnd nit mehr dan seelen vorterben vnnd hyndern dadurch zugericht. das wol mag von yhn vorstanden werden, das wort Christi Matthei .xxiij. weh euch schrifftgeleretenn, yhr habt euch genommen die gewalt zuleren, vnd schlisset zu das hymelreich fur den menschen, yhr geht nit hynein, vnd weret den die hynein gehen.

¶ Zum achtzehendenn, das man alle fest abethet, vnd allein den Sontag behielt, wolt man aber yhe vnßer frawen, vnd der grossen heyligen fest halten, das sie all auff den Sonntag wurden vorlegt, odder nur des morgens zur Meß gehalten, darnach ließ den gantzen tag, werckel tag sein. Vrsach, den als nu der mißprauch mit sauffenn, spielenn, mussig gang, vnnd allerley sund gaht, ßo ertzurnenn wir mehr Got auff die heyligenn tag, den auff die andernn. Vnnd sein gantz vmbkeret, das heylig tag nit heylig, werckel tag, heylig seynn, [H 4ᵇ] vnd got noch seinen heyligen nit allein kein dienst, ßondern groß vnehre geschicht, mit den vielen heyligen tagen. wie wol etlich tolle prelaten meynen, wen sie sanct Otilien, sanct Barbaren, vnd ein yeglicher nach seiner blinden andacht, ein fest macht, hab gar ein gut werck than, ßo er viel ein bessers thet, wo ehr zu erenn einem heyligen, auß einem heyligen tag, ein werckel tag macht.

Datzu nympt der gemeyn mann zween leyplichenn schaden, obir dissen geystlichen schaden, Das er an seyner erbeyt vorseumpt wirt, datzu mehr vortzeret dann sonst. Ja auch seinenn leyp schwecht vnnd vngeschickt macht, wie wir das teglich sehen, vnnd doch niemant zubessern gedenckt. Vnd hie solt man nit achten, ob der Bapst die fest eingesetzt hat, odder eine dispensationn vnd vrlaub haben must, Was widder got ist, vnd den menschen scheblich an leyp vnd seel. hat nit allein ein yglich gemeyn, radt obber bbirkeit gewalt abzuthun, vnd weeren, on wissen vnd willen, des Bapsts obber Bischoffs. Ja ist auch schuldig bey seiner seelen selickeit, dasselb zuweeren, ob es gleich Bapst vnd bischoff nit wolten, die doch die ersten solten sein, solchs zuweren.

Vnd zuuor solte man die kirchweye gantz außtilgen, seyntemal sie nit anders sein, dan rechte tabernn, Jarmarckt vnd spiel hoffe werden, nur zur mehrung gotis vnehre vnd der seelen vnselickeit. Es hilfft nit das man wil auff blaßen, es hab ein gutten anfang, vnnd sey ein gut werck. Hub doch got sein eygen gesetz auff, das er vom hymel herab geben het, da es in einn mißprauch vorkeret wart, vnnd keret noch teglich vmb, was er gesetzt, zupricht was er gemacht hat, vmb desselben vorkereten mißprauchs willenn. wie ym .xvij. psalm stet vonn yhm geschrieben, du vorkerest dich, mit den vorkereten.

¶ Zum neuntzehenden, Das die grad obber gelib [J 1ᵃ] wurden geendert, in wilchen der ehlich stand wirt vorpotten, als da sein gefatterschafften, der vierd vnd dritte grad, das wo der Bapst zu Rom drynnen mag dispensieren vmbs gelt, vnnd schendlichen vorkeufft, das auch daselbs, mug ein yglicher pfarrer dispensierenn, vmb sonst vnnd der seelen selickeit. Ja wolt got das allis was man zu Rom muß kauffen, vnd den gelt strick das geystlich gesetz, loßen. das ein yglicher pfarrer dasselb on gelt mocht thun vnnd lassen, als da sein, ablas, ablaßbrieff, butter brieff, meßbrieff, vnd was der Confessionalia obber buberey mehr seinn zu Rom, da das arm volck mit wirt betrogenn vnnd vmbs gelt bracht, Dan ßo der Bapst macht hat, sein geltstrick vnd geistliche netz (gesetz solt ich sagen) zuvorkauffen vmbs gelt, hat gewißlich ein pfarrer viel mehr gewalt die selbenn zureyssen, vnd vmb gottis willen mit fussen zutretenn, hat er aber das nit gewalt, ßo hat auch der bapst kein gewalt die selben durch seinen schendlichen Jarmarckt zuvorkeuffenn.

Dahyn gehoret auch, das die fasten wurdenn frey gelassen einem ydermann, vnd allerley speyß frey gemacht wie das Euangelium gibt, dan sie selb zu Rom der fasten spotten, lassen vns hauffen ole fressen, da sie nit yhr schuch mit liessen schmieren, vorkeuffen vns darnach, freyheit butter vnd allerley zuessen. ßo der heylich Apostel sagt, das wir des allis zuuor freyheit haben auß dem Euangelio, Aber sie habenn mit yhrem geystlichenn recht vns gefangen vnnd gestolenn, auff das wirs mit gelt widder keuffen mussen, haben damit ßo blod schochter gewissen gemacht, das nit gut mehr von der selben freyheit zupredigen ist, darumb, das sich das gemeynn volck ßo fast drynnenn ergert, vnnd achtet fur grosser sund butter essen, den liegen, schweeren, odder auch [J 1ᵇ] vnkeuscheit treyben. Es ist doch menschenn werck, was menschen gesetzt habenn, man leg es wo man hyn wil, vnd ensteht nymmer nichts guts drauß.

¶ Zum zwentzigstenn, Das die wilden Capellen vnd feltkirchen wurden zu poden vorstoret, als da sein, da die newen walfarten hyn gahen, Welßnacht, Sternberg, Trier, das Grymtal, vnd itzt Regenspurg, vnnd der antzal viel mehr. O wie schwer elend rechenschafft werden die Bischoff mussen geben, die solchs teuffels gespenst zulassen, vnd genieß dauon empfangen, sie solten die erstenn sein, dasselb zuweeren, ßo meynen sie es sey gotlich heylig ding, sehen nit, das der teuffel solchs treybt, denn geytz zustercken, falsche ertichte glaubenn auffzurichten, pfarr kirchen zuschwechen, tabernenn vnd hurerey zumehren, vnnutz gelt vnd erbeyt vorlieren, vnd nur das arm volck mit der nasen vmb furen. Hetten sie die schrifft ßo wol gelesenn als das vordampt geystlich gesetz, sie wisten den sachen wol zuradten.

Es hilfft auch nit das wundertzeychen da geschehen, dan der böse geyst kann wol wunder thun, wie vnns Christus vorkundigt hat Matt .xxiiij. wen sie den ernst datzu thetten, vnd vorpotten solch messen, die wunder solten bald auffhoren, odder weere es vonn got, es wurd sich nit hyndern lassen durch yhr vorpietten. Vnd wen kein ander zeychenn weere, das solchs nit von got sey, were das gnug, das die menschen, tobend on vornunfft mit hauffenn, wie das fihe lauffen, wilchs nit muglich ist auß got sein, ßo hat auch got nit dauon gepotten, ist kein gehorsam, kein vordienst da, drumb solt man frisch dreyn greyffen, vnd dem volck weeren. Den was nit gepotten ist, vnd sich treybt mehr dan gottis gepot, das [J 2ᵃ] ist gewißlich der

teuffel selbs. Auch ßo geschicht der pfarkirchen nachteil
dran, das sie weniger geehret werden. Summa summarum,
Es sein zeychen einis grossen vnglaubens ym volck, dan
wo sie recht gleubtenn, hetten sie alle bing in yhren eygen
kirchen, da yhn hynn gepotten ist zugehen.

Aber was sol ich sagenn, ein yglicher gedenckt nur,
wie er ein solch walfart, in seinem kreyß auffrichte vnd
erhalte, gar nichts sorgend, wie das volck recht glewbe
vnnd lebe, die regenten sein wie das volck, ein blint fuert
den andern. Ja wo die walfarten nit wollen angehen,
hebt man die heyligen an zurheben, nit den heyligenn zu
ehren, die wol an yhr erhebenn gnug geehret wurden,
sondern geleufft vnnd ein gelt bringen auffzurichten. Da
hilfft nw Bapst vnd Bischoff zu, hie regnent es Ablas,
da hat mann gelts gnug zu, Aber was got gepotten
hat, da ist niemant sorgfeltig, da leufft niemant nah,
da hat niemandt gelt zu. Ach das wir ßo blind sein,
vnd dem teuffel in seynen gespensten nit allein seinen mut=
willen lassenn, ßondern, auch stercken, vnnd mehren. Ich
wolt man ließ die lieben heyligenn mit fridenn, vnnd das
arm volck vnvorfuret. Wilcher geyst hat dem Bapst ge=
walt geben, die heyligen zurheben? wer sagts yhm ob sie
heylig odder nit heylig sein? seinn ßonst nit sund gnug
auff erdenn, man muß got auch vorsuchen, in seyn vrteyl
fallen, vnd die lieben heyligen zu gelt kutzen auff setzenn.

Drumb rad ich, man laß sich die heyligen selbs er=
heben. Ja got allein solt sie erheben, vnd yeglicher bleybe
in seyner pfarr, da er mehr findt, dan in allenn walkirchen,
wen sie gleich alle ein walkirchen weeren. Hie findt man
tauff, sacrament, predigt, vnd deinen nehsten, [J 2ᵇ] wilchs
grosser ding sein den alle heyligen ym hymel, den sie alle
sein durchs wort gottis vnnd sacrament geheyliget worden,
die weyl wir den solch grosse ding vorachten, ist got in
seinem zornigen vrteyl gerecht, das er vorhengt dem teuffel,
der vns hyn vnnd her furet, walfart auffricht, Capellen
vnd kirchen anhebt, heyligen erhebung zuricht, vnnd der
narnwerck mehr, damit wir, auß rechtem glauben in new
falsche mißglauben fahren, gleich wie er vorzeytenn thet
dem volck von Jsreal das er vonn dem tempel zu Hieru-

salem, an vntzehlig ortter vorfuret, doch in gottis namen
vnd guttem schein der heylickeit, dawidder alle Propheten
predigten vnd drob gemartert worden. Aber itzt prediget
niemand dawidder, Es solten yhn villeicht Bischoff, pabst,
pfaffen vnd munch auch marteren. Der art muß itzt auch
Antoninus zu Florentz, vnd etlich mehr heylig vnd erhaben
werden, auff das yhre heylickeit zum rhum vnd gelt dienen
mugen, die sonst allein zu gottis ehre vnnd guttem exempel
het gedienet.

Vnnd ob schon heyligen erheben vortzeytten were gut
geweßen, ßo ists doch itzt nymmer gut, gleich wie viel
ander ding vortzeytten sein gut geweßen, vnd doch nw ergerlich
vnd schedlich, als da sein feyrtag, kirchenschatz vnd zierden.
Den es ist offenbar, das durch heyligen erhebung nit gottis
ehre noch der Christen besserung, ßondern gelt vnnd rhum
gesucht wirt, das einn kirch wil etwas beßonders fur der
ander sein vnd haben, vnnd yhr leyd were, das ein ander
des gleychenn hette, vnd yhr forteyl gemeyn were, ßo gar
hat man geystliche gutter zu mißprauch vnd gewinst zeyt-
licher gutter verordenet, in disser ergisten letzenn zeyt, das
allis was got selber ist, muß dem getz dienen. Auch ßo
dienet solch forteyl, nur zur zweyerey secten vnd hoffart,
das [J 3ᵃ] ein kirch der andern vngleich, sich vnternander
vorachten vnd erheben, ßo doch alle gotliche gutter, allen
gemein vnnd gleich, nur zur eynickeit dienen sollen, da hat
der Bapst auch lust zu, dem leyd weere, das alle Christen
gleych vnd eynis weerenn.

Hie horet her, das man abthun solt obber vorachten,
obber yhe gemeyn machen, aller kirchen freyheit, bullen,
vnd was der Bapst vorkeufft zu Rom auff seynem schind-
leich. Den ßo er Wittenberg, Halle, Venedig vnd zuuor
seinem Rom vorkefft obber gibt, Jndulta, priuiley, ablas,
gnade, forteyl, facultates, warumb gibt erß nit allen kirchen
in gemeyn? Jst er nit schuldig allen Christen zuthun vmb
sonst vnd gottis willen, allis was ehr vormag, ia auch sein
blut fur sie zuuorgiessen, ßo sag mir, warumb gibt er obber
vorkefft, diser kirchen vnd der ander nit? oder muß das
vorflucht gelt in seiner heylickeit augenn ßo ein groß vnter-
scheyd machenn vnter den Christenn, die alle gleich tauff,

wort, glaub, Chriſtum, got, vnnd alle ding haben. Wil man
vns den aller ding mit ſehenden augen blind machen, vnd
mit reyner vornunfft toricht machen? das wir ſolchen geytz,
buberey, vnd ſpiegel fechten ſollen anbetten. Er iſt ein
hyrtte, ja wo du gelt haſt, vnnd nit weytter, vnd ſchemen
ſich dennoch nit ſolch buberey mit yhren bullen vnß hyn
vnd her furen. Es iſt yhn nur vmb das vorflucht gelt
zuthun, vnd ſonſt nichts mehr.

Szo rad ich das, ſzo ſolch narn werck nit wirt abethan,
das ein yglich frum Chriſten menſch ſein augen aufftbu,
vnnd laß ſich mit den Romiſchen bullen, ſiegel, vnd der
gleyſſerey nit yrrhen, bleyb daheymen, in ſeiner kirchen, vnd
laß yhm ſein tauff, Euangeli, glaub, Chriſtum vnnd got,
der an allen ortten gleich iſt, das beſte ſein, vnd den Bapſt
bleyben, einen blinden furer [J 3ᵇ] der blindenn. Es kan
dyr widder Engel noch Bapſt ſzouiel geben, als dyr got
in deyner pfar gibt, ja er vorfuret dich vonn den gotlichen
gaben die du vmb ſonſt haſt, auff ſeine gaben, die du keuffen
muſt, vnd gibt dyr bley vmbs golt, fell vmbs fleiſch, ſchnur
vmb den beutel, wachß vmbs honnig, wort vmbs gut,
buchſtaben vmb den geyſt, wie du fur augen ſiheſt, vnd
wilts dennoch nit merckenn, ſoltu auff ſeinem pergamenn
vnnd wachs gen hymel farenn, ſzo wirt dir der wagenn gar
bald zuprechen, vnd du in die helle fallen, nit in gottis
namen. Laß dirß nur ein gewiß regel ſein, was du vom
Bapſt keuffen muſt, das iſt nit gut noch von got, dan was
auß got iſt, das wirt nit allein vmb ſonſt gebenn, ſondern
alle welt wirt drumb geſtrafft vnd vordampt, daß ſie es
nit hat wolt vmb ſonſt auffnehmenn, als da iſt, das Euan-
geli, vnd gotliche werck. Solch vorfurerey haben wir vor-
dienet vmb got, das wir ſein heyligis wort, der tauff
gnade vorachtet haben. wie ſanct Paulus ſagt, Got wirt
ſenden, ein krefftige yrrung allen den die die wahrheit nit
haben auffgenommen zu yhrer ſelickeit, auff das ſie glewben
vnd folgen der lugen vnd bubereyen, wie ſie wirdig ſein.

¶ Zum .xxi. Es iſt wol der groſten not eyne, das
alle betteley abthan wurden in aller Chriſtenheit, Es ſolt
yhe niemand vnter den Chriſten betteln gahn, es were
auch ein leychte ordnung drob zumachen, wen wir den

mut vnd ernst datzu theten. Nemlich das ein yglich stab yhr arm leut vorsorgt, vnd keynen frembden betler zuliesse, sie hiessen wie sie wolten, es weren walbruder odder bettel orden. Es kund yhe ein yglich stadt die yhren erneren, vnnd ob sie zu gering were, das man auff den vmbligenden dorffen auch das volck vormanet datzu geben, mussen sie doch sonst souiel landlauffer vnd boser [J 4ᵃ] buffen, vnter des bettelns namen erneren, ßo kund man auch wissen, wilche warhafftig arm weren odder nit.

Sso muste da sein ein vorweßer odder vormund, der alle die armen kennet, vnd was yhn not were dem Rad odder pfarrer ansagt, odder wie das auffs beste mocht vorordnet werden. Es geschicht, meynis achten, auff keinem handel souiel bubereyen vnd triegereyen, als auff dem bettel, die do alle leichtlich weren zuuortreyben. Auch ßo geschicht dem gemeinen volck wehe, durch ßo frey gemeyn bettelnn. Ich habs vbirlegt, die funff odder sechs bettel orden kommen des iaris an einen ort, ein yglicher mehr dan sechs odder sieben malen, datzu die gemeynen betteler, botschafften, vnd wallebruder, das sich die rechnung funden hat, wie ein stab bey sechtzig mal ein iar geschetzt wirt, on was der weltlichen vbirkeit gepur, auffsetz, vnd schetzung geben wirt, vnd der Romische stuel mit seiner war raubet, vnd sie vnnutzlich vortzehren, das myrß der grosten gottis wunder einis ist, wie wir doch bleyben mugen, vnd erneret werden.

Das aber etlich meynen, es wurden mit der weyße die armen nit wol vorsorgt, vnd nit ßo grosse steynen heußer vnnd kloster gepawet, auch nit ßo reychlich, das glaub ich fast wol, Ists doch auch nit not, wer arm wil sein, solt nit reich sein, wil er aber reich sein, so greiff er mit der hand an den pflug, vnd suchs yhm selbs auß der erden. Es ist gnug das zimlich die armen vorsorgt sein, da bey sie nit hungers sterben noch erfrieren, Es fugt sich nit das einer auffs andern erbeit mussig gehe, reich sey, vnd wol lebe, bey einis andern vbel leben, wie itzt der vorkeret mißprauch gehet. dan sanct Paul sagt, wer nit erbeytet, ßol auch nit essenn. Es ist niemand vonn der andernn gutter zulebenn vonn got vorordnet, denn allein denn pre-

bigenden vnnd regierendenn priestern, [J 4ᵇ] wie sanct Pau=
lus .i. Corint .ix. vmb yhrer geystlichenn erbeyt, wie auch
Christus sagt zu den Aposteln, Ein yglicher wircker ist
wirdig seynis lonhs.

¶ Zum .xxij. Es ist auch zubesorgenn, das die viel
Messen, ßo auff stifft vnd kloster gestifft sein, nit allein
wenig nutz sein, ßondern grossen zorn gottis erwecken,
Derhalbenn es nutzlich were, der selbenn nicht mehr stifften,
sondern der gestifftenn viel abethun, seintemal man sight,
wie sie nur als opffer vnnd gutte werck gehalten werdenn,
ßo sie doch sacrament sein, gleich wie die tauff vnnd buß,
wilch nit fur anderen, ßondern allein dem der sie empfehet
nutz seinn. Aber nu ist es eingerissen, das Meß fur
lebendig vnd tobten werden gehalten, vnnd alle ding brauff
gegrundt, darumb yhr auch ßouil gestifft wirt, vnnd ein
solch weßenn drauß worden, wie wir sehen. Doch ditz ist
villeicht noch zufrisch vnnd vngehoret ding, ßonderlich
denen, die durch solcher Messen abgang sorgenn, es werd
yhn yhr handwerg vnd narung nydergelegt, muß ich weytter
dauon zusagen sparen, biß das widder auffkum rechter
vorstand, was vnnd wo zu die Meß gut sey. Es ist leyder
nu viel Jar lang, ein handwerck zeytlicher narung drauß
worden, das ich hynfurt wolt rabten, ehe ein hyrte odder
sonst werckman, ehe ein priester odder munch werden, er
wisse dan vorhyn wol, was meßhalten sey.

Ich rede aber hie mit nicht, von den alten stifftenn vnnd
thumen, wilch on zweyffel darauff sein gestifft, das die
weyl nit ein yeglich kind vom Adel, Erbs besitzer vnd
regierer sein sol nach deutscher nation sitten, in den selben
stifften mocht vorsorgt werden, vnd al da got frey dienen,
studirn, vnd geleret leut werden vnnd machen. Ich rede
von den newen stifften, die nur auff gepet vnd meßhalten
gestifft sein, durch wilcher exem=[K 1ᵃ]pel, auch die alten,
mit gleychem gepet vnd Messen beschweeret werden, das
die selben kein nutz sein, odder gar wenig, wiewol es auch
von gottis gnaden kompt, das sie zu letzt, wie sie wirdig
sein, kummen auff die hefen, das ist auff der Choral senger
vnd orgel geschrey, vnd faulle, kalte meß, damit nur, die
zeytlichen gestifften zinß erlanget vnnd vortzehret werdenn.

Ach ſolch ding ſolten Bapſt, Biſchoff, doctores, beſehen vnd beſchreiben, ſo ſeynt ſie, die es am meyſten treyben, laſſens ymmer eynher gahn, was nur gelt bringt, furet ymmer ein blind den ander, das macht der geytz vnnd das geyſtlich recht.

Es muſt aber auch nit mehr ſein, das einn perſon, mehr den eine thumerey vnd pfreund hette, vnnd ſich meſſiges ſtands benugen lieſſe, das neben yhm auch ein ander etwas haben mocht. Auff das abginge, der en=ſchuldigung die do ſagenn, Sie muſſen zu yhres redlichen ſtands erhaltung mehr den eine haben, man mocht red=lichenn ſtand ſzo groß meſſen, es wer ein gantz land nit gnug zu ſeyner erhaltung, ſzo leufft der geytz vnd heym=liche mißtraw zu got, gar ſicher daneben her, das es offt wirt fur nodt des redlichenn ſtands anttzogen, das lautter geytz vnd mißtraw iſt.

¶ Zum xxiij. Die bruderſchafften, item ablas, ablas brieff, butter brieff, meßbrieff, diſpenſation, vnnd was des dings gleich iſt, nur allis erſeufft vnnd vmbbracht, da iſt nichts guttis, kan der Bapſt diſpenſiern mit dyr, in putter eſſenn, Meß horen ꝛc. ſzo ſol erß dem pfarrer auch laſſen kunden, dem erß nit macht hat zunehmen. Ich rede auch von den bruderſchafften, darynnen man ablaß, Meß vnnd gutte werck außteyllet. Lieber du haſt in der tauff ein bruder=ſchafft mit Chriſto, allen engeln, heyligen vnd Chriſten auff erden an=[K 1ᵇ]gefangen, halt die ſelben vnnd thu yhr gnug, ſzo haſtu gnug bruderſchafftenn, laß die andern gleyſſen wie ſie wollenn, ſzo ſein ſie gleich wie die zal=pfennig gegen die gulden. Wo aber ein ſolche were, die gelt zuſammen gebe, arme leut zuſpeyßen, oder ſonſt yemand zuhelffen, die were gut, vnnd het yhr ablas vnd vor=dinſt ym hymel. Aber itzt ſeinn es Collation vnnd ſeufferey drauß wordenn.

Zuuor ſolt man furiagen auß deutſchen landenn, die beyſtlichen botſchafften, mit yhren faculteten, die ſie vns vmb groß gelt vorkauffen, das doch lautter buberey iſt, alßo da ſein, das ſie gelt nehmen vnd machen vnrecht gut, recht, loßenn auff die eyde, gelubd vnnd bundt, zureyſſen damit vnd lernen zureyſſen trew vnnd glaub, vntereinander zugesagt, sprechen der bapst habs gewalt. Das heyssel sie der bose geyst reden, vnd vorkeuffen vns so teufflische lere, nehmen gelt drumb, das sie vns sunden leren vnd zur helle furen.

Wen kein ander boßer tuck were, der do beweret, das der Bapst der recht Endchrist sey, ßo weere eben dißes stuck gnugsam das zu beweren. Horestu es bapst nit der allerheyligst, ßondernn der aller sundigst, das got deynen stuel vom hymel auffs schirest zurstore, vnd in abgrund der hell senck, wer hat dir gewalt gebenn, dich zurheben obir deynen got, das zuprechen vnd loßen das er gepotten hat, vnd die Christen, ßonderlich deutsche Nation, die von edler natur, bestendig vnnd trew in allen historien gelobt sein, zuleren, vnbestendig, meyneydig, vorrether, boßbicht, trewloß seinn, Got hat gebottenn, man sol eyd vnd trew halten auch denn seynden, vnd du vnterwindist dich solchs gepot zuloßen, setzist in deynen ketzrischen, endchristischen decretalen, du habst sein macht, vnnd leugt durch dein hals [K 2ᵃ] vnd sedder der boß Satan, als er noch nie gelogen hat, zwingst vnnd bringst die schrifft nach deinem mutwillen. Ach Christe mein her sich erhab, laß her brechenn deinen iungsten tag, vnd zurstore des teuffels nehst zu Rom, hie sitzt der mensch davon Paulus gesagt hat, der sich sal obir dich erheben, vnd in deyner kirchen sitzen, sich stellen als einenn got, der mensch der sunden vnd sun der vordampniß. was ist bepstlich gewalt anders den nur sund vnd boßheit leren vnd mehren, nur seelen zur vordampniß furen, vnter beinem namen vnd scheyn?

Die kinder von Jsrael musten vortzeytten haltenn den eyd, den sie den Gabaoniten yhren seynden vnbewust vnd betrogen than hetten. Vnd der kunig Zedechias must iemerlich mit allem volck vorloren werden, drumb das er dem kunig zu Babylonienn seinen eyd brach. Vnnd bey vns vor hundert Jaren, der seyne kunig zu Polen vnd Vngern Vladislaus, leyder mit ßo viel seynis volcks erschlagen wart vom Turcken, darumb das durch Bepstliche botschafft vnd Cardinal er sich ließ vorfuren, vnd den seligen nutzlichen vortrag vnnd eyd mit den Turcken gemacht, zureyß. Der frum keyßer Sigmund het kein gluck mehr

nach dem Concilio Constantien, darinnen er brechen ließ
die buffen das geleyd, ßo Johan. huß vnnd Hieronymo
geben war, vnd ist aller iamer zwischen Behmen vnnd vns
darauß erfolget. Vnd zu vnsern zeytten, hilff got, was
Christlichs bluts ist vorgossen, vbir dem eyd vnd pund, den
der Bapst Julius zwischen dem keyßer Maximilian vnd
kunig Ludwig von Franckreich macht vnnd wider zureiß.
wie mocht ichs als ertzelen, was die bepst haben iamer
angericht, mit solcher teuffelischen vormessenheit, eyd vnd
gelubd zwischen grossen hern zureyssen, darauß sie als ein
schympff machen vnd gelt datzu nehmen. [K 2ᵇ] Jch hoff
der iungst tag sey fur der thur, es kann vnnd mag yhe
nit erger werdenn, den es der Romische stuel treybt.
Gottis gepot druckt er vnter, seinn gepot erhebt er druber,
ist das nit der Endchrist, ßo sag einn ander wer er sein
muge. Doch dauon ein ander mal mehr vnd besser.

¶ Zum .xxiiij. Es ist hoh zeyt, das wir auch einn
mal ernstlich vnd mit warheyt der Behemen sach furnehmen,
sie mit vns, vnd vns mit yhnen zuuoreynigen. das ein
mal auffhoren die grewlichenn lesterung, haß vnd neyd
auff beyder seytten. Jch wil meyner torheyt nach der
erste mein gutduncken furlegen, mit vorbehalt eynß yglichen
bessers vorstand. Zum ersten, mussenn wir warlich die
warheit bekennen, vnd· vnser rechtfertigen lassen, den
Behemen etwas zugebenn. Nemlich, das Johannes huß
vnnd Hieronymus von Prag, zu Costnitz wider Bepstlich,
Christlich, Keyßerlich geleyd vnnd eyd, sein vorprand, damit
widder gottis gepot geschehen, vnd die Behemen hoch zu
bitterkeyt vorvrsacht sein, vnnd wie wol sie solten vol-
kommen gewesen sein, solch schwere vnrecht, vnd gottis
vngehorsam von den vnßern gelitten haben, ßo sein sie
doch nit schuldig geweßen, solchs zubillichen, vnd als recht
gethan bekennen. Ja sie solten nach heutigs tags drob
lassenn leyb vnnd leben, ehe sie bekennen solten, das recht
sey, keyßerlich, bepstlich, Christlich geleyd brechen, trewloß
dawidder handeln. Darumb wie wol es der Behemen
vngedult ist, ßo ists doch mehr des Bapsts vnd der seinen schult,
all der iamer, all der yrtumb, vnd seelen vorterben, das
seynt dem selben Concilio erfolget ist.

Ich wil hie Johannis huß articfel nit richten, noch sein yrtumb vorfechtenn, wie wol mein vorstand noch nichts yrrigis bey yhm fundenn hat, vnnd ichs mag [K 3ᵃ] frolich glaubenn, das die nichts guttis gericht, noch redlich vordampt haben, die durch yhren trewloßenn handel, Christlich geleyd vnd gottis gebot vbirtretten, on zweyffel, mehr vom boßen geyst, den vom heyligen geyst beseffen geweßen seinn. Es wirt niemand drann zweyffeln, das der heylig geist nit widder gottis gepot handelt, ßo ist niemandt ßo vnwyffendt, das geleyd vnd trew brechen, sey wider gottis gepot, ob sie gleich dem teuffel selbs, schweyg einem ketzer were zugesagt, ßo ist auch offinbar, das Johan. huß vnd den Behemen solch geleyd ist zugesagt vnd nit gehalten, sondern daruber er vorprennet. Ich wil auch Johan. huß keynen heyligen noch Marterer machen, wie etlich Behemen thun, ob ich gleich bekenne, das yhm vnrecht geschehen, vnd sein buch vnd lere vnrecht vordampt ist, dan gottis gericht sein heymlich vnnd erschrecklich, die niemant dan er selb allein offinbarn vnd außdruckenn sol. Das wil ich nur sagenn, er sey ein ketzer wie boß er ymer mocht sein, ßo hat man yhn mit vnrecht vnd widder got vorprennet, vnd sol die Behemen nit dringenn solchs zubillichenn, odder wir kummen sonst nymmer mehr zur eynickeit. Es muß vnns die offentliche warheyt eynis machenn, vnnd nit die eygensynnickeit. Es hilfft nit das sie zu der zeyt haben furgewendet, das eynem ketzer sey nit zuhaltenn das geleyd, das ist eben ßo viel gesagt, man sol gottis gepot nit haltenn, auff das man gottis gepot halte. Es hat sie der teuffel toll vnnd toricht gemacht, das sie nit haben gesehenn was sie geredt odder gethan haben. Geleyd halten hat got gepoten, das solt man haltenn, ob gleich die welt solt vntergehen, schweyg dan ein ketzer loß werden, ßo solt man die ketzer mit schrifften, nit mit fewr vbirwinden, wie die alten vetter than habenn. Wen es kunst were, mit [K 3ᵇ] fewr ketzer vbirwindenn, ßo weren die hencker die geleretisten doctores auff erdenn, durfftenn wir auch nit mehr studierenn, ßondern wilcher den andern mit gewalt vbirwund, mocht yhn vorprennenn.

Zum andern, das Keyßer vnd Fursten hynein schickten

etlich frum vorstendig Bischoff vnd geleretenn, bey leyb keinenn Cardinal noch bepstlich botschafft, noch ketzermeyster, den das volck, ist mehr dan zuuiel vngeleret, in Christlichen sachen, vnd suchen auch nit der seelen heyl, ßondern wie des Bapsts heuchler alle thun, yhr eygen gewalt, nutz vnnd ehre. Sie sein auch die heubter geweßen dißes iamers zu Costnitz. Das die selben geschickten solten erkunden bey den Behemen, wie es vmb yhren glauben stund, ob es muglich were, alle yhr secten, in eine zubringen. Hie sol sich der Bapst vmb der seelen willen, ein zeyt lang seiner vbirkeit eußern, vnd nach dem statut des allerchristlichsten Concili Niceni, den Behemen zulassen, einen Ertzbischoff zu Prag, auß yhnen selbs zurwelen, wilchen bestetige der Bischoff zu Olmutz in Mehren, odder der Bischoff zu Gran in Vngern, odder der Bischoff vonn Gnezen in Polen, oder der Bischoff zu Magdeburg in deutschenn. Ist gnug wen er von dißen einen odder zween bestetiget wirt, wie zu den zeytten sanct Cypriani geschach, vnd der bapst hat solchs keinis zuuerenn, weeret er es aber, ßo thut er als ein wolff vnnd tyran, vnd sol yhm niemant folgen, vnd seinen bannen mit einem widder bannen zuruck treyben.

Doch ob man sanct Peters stuel zu ehren wil solchs thun, mit wissen des bapsts, laß ich geschehen, ßo ferne, das die Behemen nit ein heller drumb geben, vnd sie der bapst nit ein harbreit vorpflichte, vnterwerff mit [K 4ᵃ] eyden vnnd vorpundniß seiner tyranneyen, wie er andern allen bischoffen widder got vnd recht thut, wil er nit lassen yhm genugen an der ehre, das sein gewissenn drumb gefragt wirt, ßo laß man yhn mit seinen eyden rechten, gesetzen vnd tyranneyen ein gut Jar haben, vnd laß gnug sein an der erwelung, vnd das blut aller seelen ßo in ferlickeit bleyben, vbir seinen halß schreyen, dan niemant sol vnrecht bewilligen, vnd ist gnug der tyranney die ehre erboten. wen es yhe nit anders mag sein, kan noch wol des gemeynen volcks erwelung vnd bewilligung, einer tyrannischen bestettigung gleich gelten, doch hoff ich es sol nit not haben. Es werden yhe zu letz etlich Romer odder frum bischoff vnd gereleten, bepstlich tyranney mercken vnd weeren.

Ich wil auch nit radtenn, das man sie zwing, beyder gestalt des sacraments abzuthun, die weyl dasselb nit vnchristlich noch ketzerisch ist, sondern, sie lassenn bleyben wo sie wollenn, in der selben weyße, doch das der new bischoff drob sey, das nit vneynickeit vmb solcher weyße sich erhebe, sondern sie gutlich vnterweiß, das keinis nit yrtumb sey, gleich wie nit zwitracht machen sol, das die priester ander weyt sich kleyden vnnd perden, den die leyenn. Desselben gleichenn ob sie nit wolten Romische geistliche gesetz auffnehmen, sol man sie auch nit bringen, sondern zum ersten warnehmen, das sie ym glauben vnd gotlicher schrifft recht wandeln, den Christenlicher glaub vnnd stand mag wol bestan, on des Bapsts vntreglichenn gesetzenn. Ja er mag nit wol bestann, es sey den der Romischenn gesetz weniger odder keine, wir seinn in der tauff frey wordenn, vnnd allein gotlichenn wortten vnterthann, warumb sol vns einn mensch in seine wort gefangenn nehmenn? [K 4ᵇ] wie sanct Paulus sagt, Ir seyt frey wordenn, werdet yhe nit knecht der menschenn, das ist der, die mit menschenn gesetzen regieren.

Wen ich wuste das die pighartten keinen yrtumb hetten, ym sacrament des Altaris, den das sie gleubten, es sey warhafftig brot vnnd wein naturlich da, doch drunder warhafftig fleysch vnd blut Christi, wolt ich sie nit vorwerffen, sondern vnter den Bischoff zu Prage lassen kummen, den es ist nit ein artickel des glaubens, das brot vnd wein weßenlich vnd naturlich sey ym sacrament, wilchs ein wahn ist sancti Thome vnnd des Bapsts, sondern das ist ein artickel des glaubens, das in dem naturlichen brot vnd weyn, warhafftig naturlich fleisch vnd blut Christi sey, so solt man dulden beyder seytten wahn, biß das sie eynis wurdenn, dieweyl kein ferlickeit dran ligt, du gleubst das brot da sey odder nit. Den wir mussen vielerley weyße vnd orden leyden, die on schaden des glaubens sein. wo sie aber anders gleubten, wolt ich sie lieber draussen wissen, doch sie vnterweyßen die warheit.

Was mehr yrthum vnd zwispaltickeit in Behemen erfunden wurd, solt man dulden biß der Ertzbischoff widder eingesessen, mit der zeyt den hauffen widder zusamenn brecht, in ein eintrechtige lere. Es wil furwar, nit mit gewalt noch mit trotzenn, noch mit eylen, widder vorsamlet werden. Es muß weylle, vnd sanfftmuticfeit hie seinn, Muste doch Christus ßo lang mit seynen iungern vmbgahn, vnd yhren vnglauben tragenn, biß sie gleubtenn seiner offerstentniß. Were nur widder ein ordenlicher Bischoff vnd regiment drynnen on Romisch tyranneyen, ich hofft es solt schier besser werden.

Die zeytlichen gutter, die der kirchenn geweßen sein, solten nit auffs strengist widder sobbert werden, ßon=[L 1ᵃ] dern die weyl wir Christen sein, vnd ein yglicher dem andern schuldig ist zuhelffen, haben wir wol die macht, vmb eynickeit willenn, yhnen die selben zugeben vnnd lassen, fur got vnnd der welt. Dan Christus sagt, wo zween mit= eynander eynis sein auff erden, da bin ich in yhrem mittel. Wolt got, wir theten auff beyden seytten datzu, vnnd mit bruderlicher demut einer dem andern die hand reychet, vnd nit auff vnser gewalt obber recht vns stercten, die lieb ist mehr vnnd nottiger, den das Bapstum zu Rom, wilchs, on lieb, vnd lieb on Bapstum sein mag, Ich wil hie mit das meyne datzu than haben, hyndert es der Bapst obber die seinen, sie werden rechenschafft drumb geben, das sie wider die lieb gottis, mehr das yhr, den yhrs nehsten gesucht haben. Es solt der Bapst, sein Bapstum, alle sein gut vnd ehre vorliren, wo er ein seel damit mocht erredten, Nu ließ er ehe die welt vntergahn, ehe er ein harbreyt seiner vormessenen gewalt ließ abbrechen, vnd wil dennoch der heyligst sein. Hie mit bin ich entschuldigt.

¶ Zum xxv. Die vniuersiteten dorfften auch wol eyner gutten starken reformation, Ich muß es sagenn, es vordrieß wen es wil. Ist doch allis was das bapstum hat einge= setzt vnd ordiniert, nur gericht, auff sund vnd yrthum zu= mehrenn, was sein die Vniuersiteten, wo sie nit anders, dan bißher, vorordnet? den, wie das buch Machabeorum sagt, Gymnasia Epheborum et Grece glorie, darynnen ein frey leben gefuret, wenig der heyligen schrifft vnd Christ= licher glaub geleret wirt, vnd allein der blind heydnischer meyster Aristoteles regiert, auch weytter den Christus. Hie were nu mein rad, das die bucher Aristoteles, Phisicorum, Metaphysice, de Anima, Ethicorum, wilchs bißher die besten gehalten, gantz wurden abthan, mit allen andern, die von na-[L 1ᵇ]turlichen dingen sich rumen, so doch nichts drynnen mag geleret werden, widder von naturlichen noch geistlichen dingen, datzu seine meynung niemant bißher vorstanden, vnd mit vnnutzer erbeit, studiern vnd kost, souiel edler zeyt vnd seelen, vmb sonst beladen geweßen sein. Ich darffs sagen, das ein topffer mehr kunst hat von naturlichen dingen, den in denen bucher geschrieben stet. Es thut mir wehe in meinem hertzen, das der vordampter, hochmutiger, schalckhafftiger heide, mit seinen falschen worten, souiel der besten Christen vorfuret, vnd narret hat, got hat vns also mit yhm plagt, vmb vnser sund willen.

Leret doch der elend mensch, in seinem besten buch, de Anima, das die seel sterblich sey, mit dem Corper, wie wol viel, mit vorgebenen wortten yhn haben wolt errebten, als hetten wir nit die heyligen schrifft, darinnen wir vbirreichlich von allen dingen geleret werden, der Aristotiles nit ein kleynsten geruch yhe empfunden hat, dennoch hat der todte heyde vbirwunden, vnd des lebendingen gottis bucher vorhyndert, vnnd fast vntertruckt. das, wen ich solchen iamer bedenck, nit anders achtenn mag, der boße geist, hab das studiern hereyn bracht. Desselben gleichen, das buch Ethicorum, erger den kein buch, stracks der gnaden gottis, vnd Christlichen tugenden entgegen ist, das doch auch der bestenn einis wirt gerechnet. O nur weyt mit solchen buchern von allen Christen, Darff mir niemant aufflegen, ich rede zuuiel, odder vorwirff das ich nit wisse. Lieber freund ich weyß wol was ich rede, Aristoteles ist mir so wol bekant, als dir, vnd deynis gleychen, ich hab yhn auch geleßen vnnd gehoret, mit mehrem vorstand, dan sanct Thomas odder Scotus, des ich mich on hoffart rumen, vnd wo es nodt ist, wol beweyßen kan. Ich acht nit das souiel hundert iar lang, souiel hoher vorstand [L 2ᵃ] drynnen sich erbeyttet haben. Solch einreden sechtenn mich nymmer an, wie sie wol etwan than haben, seintemal es am tag ist, das wol mehr yrtumb, mehr hundert iar, in der welt vnd vniuersiteten blieben sein.

Das mocht ich gerne leyden, das Aristoteles bucher von

der Logica, Rhetorica, Poetica, behalten, odder sie in ein andere kurtz form bracht, nutzlich geleßen wurden, iunge leut zuvben, wol reden vnd predigen, aber die Comment vnd secten musten abethan, vnnd gleich wie Ciceronis Rhetorica, on comment vnd secten, ßo auch Aristoteles logica einformig, on solch groß comment geleßen werden. Aber itzt leret man widder reden noch predigen drauß, vnd ist gantz ein disputation vnd muderey drauß worden. Daneben het man nu die sprachen latinisch, kriechsch, vnd hebreisch, die mathematice disciplinen, historien, wilchs ich befilh vorstenbigern, vnd sich selb wol geben wurd, ßo man mit ernst nach einer reformation trachtet, vnd furwar viel dran gelegen ist, dan hie sol die christlich iugent, vnd vnßer eblist volck, darinnen die Christenheit bleybt, geleret vnd bereitet werden. Darumb ichs acht, das kein bepstlicher noch keyßerlicher werck mocht geschehenn, dan gutte reformation der vniuersiteten, widderumb kein teufflischer erger wesen, den vnreformierte vniuersiteten.

Die Ertzte laß ich yhr faculteten reformieren, die Juristen vnd Theologen nym ich fur mich, vnd sag zum ersten, das es gut were, das geistlich recht von dem ersten buchstaben, biß an den letzten, wurd zugrund außgetilget, sonderlich die Decretalen, es ist vns vbrig gnug in der Biblien geschrieben, wie wir vns in allen bingen halten sollen, so hyndert solchs studiern, nur die heyligen schrifft, auch das mehrer teil eittel geitz vnd hoffart schmeckt, vnd ob schon viel guttis drynnen weere, solt es dennoch billich [L 2ᵇ] vntergehen, darumb das der Bapst alle geistlich recht in seynis hertzen kasten gefangen hat, das hynfurt eytel vnnutz studiern vnnd betrug drynnen ist. Heut ist geystlich recht nit das in denn buchern, ßondern was in des bapsts vnd seiner schmeychler mutwil stet. Hastu eine sach, ym geistlichen recht grundet auffs aller best, ßo hat der Bapst druber Scrinium pectoris, darnach muß sich lencken alles recht, vnnd die gantze welt. Nu regieret dasselb scrinium, vielmal ein bube, vnd der teuffel selb, vnd lessit sich preyssen, der heylig geist regier es, ßo gaht man vmb mit dem armenn volck Christi, setzt yhm viel recht, vnd helt keynis, zwingt ander zuhalten, odder mit gelt zuloßen.

Die weyl den der Bapst vnd die seinen, selbst das gantz
geystlich recht auffgehaben, nit achten, vnnd sich nur noch
yhrem eygen mutwil halten vbir alle welt, sollen wir yhn
folgen, vnd die bucher auch vorwerffenn, warumb solten
wir vorgebens drynnen studieren? ßo kunden wir auch
nymmer mehr, des Bapst mutwil, wilchs nu geystlich recht
worden ist, außlernen. Ey so fall es gar dahyn in gottis
namen, das ynß teuffels namen sich erhaben hat, vnd sey
kein doctor Decretorum mehr auff erden, ßondern allein
doctores scrinij papalis, das sein, des bapsts heuchler.
Man sagt, das kein seyner weltlich regiment yrgend sey,
dan bey dem Turcken, der doch wider geystlich noch welt-
lich recht hat, ßondern allein seinen Alkoran, ßo mussen
wir bekennen, das nit schendlicher regiment ist, dann bey
vnns, durch geystlich vnd weltlich recht, das kein stand
mehr gaht, naturlicher vornunfft, schweyg der heyligen schrifft
gemeß.

Das weltlich recht, hilff got, wie ist das auch einn
wildniß wordenn, wie wol es viel besser, kunstlicher, [L 3ᵃ]
redlicher ist, den das geystlich, an wilchem vbir den namen,
nichts guttis ist, ßo ist sein doch auch viel zuuiel worden.
Furwar, vornunfftige regenten neben der heyligen schrifft,
werenn vbrig recht gnug. wie sanct Pauel ij. Corint .vi.
sagt. Ist niemand vnter euch, der do mug seinis nehsten
sach richten, das yhr fur heydnischen gerichtenn musset
haddern? Es duncket mich gleich, das landrecht vnd land
sitten, den keyßerlichen gemeynen rechten werden furgezogen,
vnd die keyßerlichen nut zur not braucht. vnd wolt got, das
wie ein yglich land seine eygen art vnd gaben hat, alßo auch
mit eygenenn kurtzen rechten geregiert wurden, wie sie geregiert
sein geweßen, ehe solch recht sein erfunden, vnd noch on
sie viel land regirt werden. Die weytleufftigen vnd fern
gesuchten recht, sein nur beschwerung der leut, vnd mehr
hynderniß den forderung der sachen. Doch, ich hoff, es sey
dise sach, schon von andern baß bedacht vnd angesehen,
dan ichs mag anbringen.

Meine lieben Theologen haben sich auß der muhe vnd
erbeit gesetzt, lassen die Biblien wol rugen, vnnd leßen
sententias. Ich meynet die sententie solten der anfang

fein der iungen Theologen, vnd die Biblia den doctoribus bleyben, ßo ifts vmbferet, die Biblien ift das erft, die feret mit dem Baccalariat dahin, vnd fententie fein das letzt, die bleyben mit dem doctorat ewiglich, datzu mit folcher heiliger pflicht, das die Biblien mag wol leßen der nit priefter ift, aber fententias muß ein priefter leßen, vnd fund wol ein ehlich man doctor fein in der Biblien, als ich fehe, aber gar nit in fentencijs. Was folt vns glud widderfaren, wen wir ßo vorferet handeln, vnd die biblien, das heylig gotis wort, ßo enhyndern fetzen? Datzu der bapft gepeut mit vielen geftrengen wortten feine gefetz, in den fchulen vnd ge=[L 3ᵇ]richten zuleßen vnd prauchen. Aber das Euangelij wirt wenig gedacht, alfo thut man auch, das das Euangelium in fchulen vnnd gerichtenn, wol muffig vnter der band ym ftawb ligt, auff das des Bapfts fchedliche gefetz, nur allein regieren mugen.

Szo wir den haben den namen vnd titel, das wir lerer der heyligen fchrifft heyffenn, folten wir warlich gezwungen fein, dem namen nach, die heyligen fchrifft vnd fein andere leren, wie wol auch der hochmutige, auffgeblaßner titel zuviel ift, das ein menfch fol fich rumen, vnnd kronen laffen, ein lerer der heyligen fchrifft, doch were es zu dulden, wen das werd den namen beftetiget. Nu aber, ßo fententias allein hirfchen, findt man mehr heydnifche vnd menfchliche dundel, den heylige gewiffe lere der fchrifft, in den Theologen. wie wollen wir yhm nu thun? ich weyß hie feinen andern rabt, den ein demuttig gepet zu got, das vns der felb, Doctores Theologie gebe, Doctores der kunft, der Ertzney, der Rechten, der Sententias, mugen der bapft, Ketzer, vnd Vniuerfiteten machen, aber fey nur gewiß, eynen Doctorn der heyligenn fchrifft, wirt dir niemandt machenn, denn allein der heylig geyft vom hymel, wie Chriftus fagt Johann. vi. Sie muffen alle von got felber geleret fein. Nu fragt der heylig geyft nit nach robt, brawn panethen, odder was des prangen ift, auch nit ob einer iung odder alt, ley odder pfaff, munch odder weltlich, Junpfraw odder ehlich fey, Ja ehr redt vortzeitten durch ein Efelyn, widder den Propheten der brauff reyt. Wolt got wir weren fein wirdig, das vns solch doctores geben wurden, sie weren ia leyen ober priester, ehlich ober iunpfrawen, wie wol man nu den heyligen geyst zwingen wil, in den bapst, bischoff, vnd doctores, so doch kein zeychen noch schein ist, das er bey yhnen sey.

[L 4ᵃ] Die bucher muſt man auch wenigern, vnd er= leßen die beſten, dan viel bucher machen nit geleret, vil leßen auch nit, ßondern gut ding, vnnd offt leßenn, wie wenig sein ist, das macht geleret in der schrifft, vnd frum datzu, Ja es solten aller heyligen vetter schrifft, nur ein zeyt lang werden geleßenn, da durch in die schrifft kum= men, ßo leßen wir sie nur, das wir darinnen bleyben, vnd nymmer in die schrifft kummen, damit wir gleich denen seyn, die die wege zeychenn ansehen, vnnd wandeln denn weg dennoch nymmer, Die liebenn vetter haben vns wollen in die schrifft furen, mit yhrem schreyben, ßo furen wir vns damit erauß, ßo doch allein die schrifft vnßer weyngart ist, dar= ynnen wir all solten vns vben vnd erbeyttenn.

Fur allen dingenn, solt in den hohen vnnd nydern schulen, die furnehmst vnd gemeynist lection sein, die heylig schrifft, vnnd den iungen knaben das Euangelij, Vnd wolt got, ein yglich stabt, het auch ein maydschulen, darynnen des tags die meydlin ein stund das Euangelium horetenn, es were zu deutsch obber latinisch. Furwar die schulen, man vnnd frawen Closter, sein vortzeytten drauff angefangen, gar auß loblicher, Christlicher meynung, wie wir leßenn von sanct Agnes, vnnd mehr heyligenn, da wurdenn heylige Junpfrawen vnnd marterer, vnnd stund gantz wol in der Christenheit. Aber nu ist nit mehr, dan betten vnd singen drauß wordenn. Solt nit billich ein yglich Christen mensch, bey seinen newn obber zehen iaren, wissen das gantz heylig Euangelium, da sein namen vnd leben ynnen stet, Leret doch eine spynnerin vnd netterynne yhr tochter dasselb handwerck in iungen iaren, Aber nu wissen das Euangelium, auch die grossen geleretenn prelaten vnd bischoff selbs nit.

[L 4ᵇ] O wie vngleich faren wir, mit dem armen iungenn hauffen, der vns befohlen ist, zu regiern vnd vnterweyßen, vnd schwere rechnung dafur muß geben werden, das wir yhn das wort gottis nit furlegenn, ge=

ſchicht yhnen, wie Hieremias ſagt Tren. ij. Mein augen ſein vor weynen mud worden, mein eyngeweyd iſt erſchrocken, mein leber iſt außgeſchut auff die erden, vnd des vorterbens willenn der tochter meynis volcks. da die iungen vnd kindlin vortorben, auff allen gaſſen der gantzen ſtadt, ſie ſprochen zu yhren muttern, wo iſt brot vnd wein, vnd vorſchmachten als die vorwunten, auff der ſtraſſen der ſtadt, vnd gaben den geiſt auff, ym ſchoß yhrer mutter. Dieſen elenden iamer ſehen wir nit, wie itzt auch das iung volck, mitten in der Chriſtenheit vorſchmacht, vnd erbermlich vortirbt, gebrechens halben des Euangelij, das man mit yhnen ymmer treybenn vnd vben ſolt.

Wir ſolten auch, wo die hohen ſchulen fleyſſig weren in der heyligen ſchrifft, nit dahyn ſchicken yderman, wie itzt geſchicht, da man nur fragt, nach der menige, vnnd ein yder wil einen doctor haben, ßondern allein die allergeſchickſtiſten, in den kleynen ſchulen vor wol ertzogen. daruber, ein furſt oder rabt einer ſtadt ſolt acht haben, vnnd nit zulaſſen zuſenden, dan wol geſchickte, wo aber die heylige ſchrifft nit regieret, da rab ich furwar niemand, das er ſein kind hyn thue. Es muß vorterbenn, allis was nit gottis wort on vnterlaß treybt, drumb ſehen wir auch, was fur volck wirt vnnd iſt, in den hohen ſchulen, iſt niemand ſchuld, den des bapſts, biſchoff vnd prelaten, den ſolch des iungen volcks nutz befohlen iſt. Dan die hohen ſchulen ſolten ertzihen eytel hochvorſtendige leut in der ſchrifft, die do mochten, Biſchoff vnnd pfarrer werden, an der ſpitzen ſiehen, [M 1ᵃ] widder die ketzer vnnd teuffel, vnd aller welt. Aber wo findt man das? Ich hab groß ſorg, die hohen ſchulen, ſein groſſe pforten der hellen, ßo ſie nit emßiglich die heylig ſchrifft vben, vnd treyben ynß iunge volck.

[L 4ᵇ] ¶ Zum .xxvi. Ich weyß wol, das der Romiſche hauffe, wirt furwenden, vnnd hoch auff blaßenn, wie der Bapſt habe, das heylige Romiſche reich, von dem kriechſchen keyßer genummen, vnnd an die deutſchenn bracht, fur wilch ehre vnd wolthat, er billich vnterthenickeit, danck, vnd alles gut an den deutſchen vordienet vnd erlanget haben ſol. Derhalben ſie vielleicht allerley furnehmen, ſie zureformieren, ſich vnterwindenn werden, in den wind zuſchlahen, vnd nichts laſſen anſehen, dan ſolchs Romiſchs reychs begabungen. Auß dießem grund, haben sie bißher manchen theuren keyßer ßo mutwillig vnd vbirmutig, vorfolget vnd vordruckt, das ianer ist zusagen. Vnd mit derselben behendickeit [M 1ᵃ] sich selb zu vbirhern gemacht aller weltlicher gewalt vnd vbirkeit, wibber das heylig Euangelij, darumb ich auch dauon reden muß.

Es ist on zweyffel, das das recht Romisch reych, dauon die schrifft der propheten Numeri .xxiiij. vnd Daniel vorkundet haben, lengist vorstoret vnd ein end hat. wie Balaam Numeri .xxiiij. klar vorkundigt hat, da er sprach, Es werden die Romer kummen vnd die Juden vorstoren, vnd barnach werden sie auch vnter gehen. vnd das ist geschehen durch die Gettas, Sonderlich aber, das des Turcken reich ist angangen, bey tausent iaren, vnd ist also mit der zeit abegefallen Asia vnd Affrica, bar nach Francia, Hispania, zuletzt Venedig auff kummen, vnd nichts mehr zu Rom blieben von der vorigen gewalt.

Da nu der Bapst die kriechen, vnnd den keyßer zu Constantinopel, der erblich Romischer keyßer war, nit mocht nach seinem mutwillen zwingen, hat er ein solchs fundlin erdacht, yhn desselben reychs vnd namens berauben, vnd den deutschen, die zu der zeyt, streytbar vnd guttis geschrey reich waren, zuwenden, damit sie des Romischen reychs gewalt vnter sich brechten, vnd von yhren henden zulehen gienge. Vnd ist auch alßo geschehen, dem keyßer zu Constantinopel ists genummen, vnd vns deutschen der nam vnd titel desselben zugeschrieben, sein damit des Bapsts knecht wurden, vnd ist nu ein ander Romisch reich, das der bapst hat auff die deutschen bawet, den ihenes das erst, ist langis, wie gesagt, vntergangen.

Alßo hat nu der Romisch stuel seinen mutwillen, Rom eingenummen, den deutschen keyßer erauß trieben, vnd mit eyden vorpflicht, nit ynnen zu Rom zuwonen. Sal Romischer keyßer sein, vnd bennoch Rom nit ynnen haben, bartzu alltzeit, ynß bapsts vnd ber seinen mutwillen hangen vnd weben, das wir ben namen haben, [M 1ᵇ] vnd sie das land vnd stebt, ben sie altzeit vnßer eynfeltickeit mißbraucht haben zu yhrem vbirmut vnd tyranney, vnd heyssen vns tolle deutschen, die sich effen vnd narren lassen wie sie wollen.

Nu wolan, got dem hern ists ein klein bing, reych vnd furstenthum hyn vnd her werffen, Er ist ßo mild der selben, das er zuweylen einem boßen buffen ein kunigreich gibt, vnd nympts einem frumen, zu weylen durch vorreterey boser vntrewer menschen, zuweylen durch erben, wie wir das letzen, in bem kunigreich Persen lands, kriechen vnd fast allen reychen. vnd Daniel .ij. vnd .iiij. sagt, Er wonet ym hymel, ber vbir alle bing hirschet, vnd er allein ist ber die kunigreich vorsetzt, hyn vnd her wirfft, vnd macht barumb wie niemant kan das fur groß achten, das yhm ein reich wirt zuteyllet, ßonberlich, ßo er ein Christen ist, so mugen wir deutschen auch nit hoch faren, bas vns ein new Romisch reich ist zugewendet, ben es ist fur seinen augen ein schlechte gabe, die er ben aller vntuchtigsten das mehrmal gibt. wie Daniel .iiij. sagt,

Alle die auff erden wonen, seynd fur seinen augen als das nichts ist, vnd er hat gewalt in allen reychen der menschen, sie zugeben wilchem er wil.

Wie wol nu der Bapst, mit gewalt vnd vnrecht, das Romisch reych, odder des Romischen reychs namen, hat dem rechten keyßer geraubet, vnnd vns deutschenn zugewendet, ßo ists doch gewiß, das got die Bapsts boßheit, hyrynnenn hat geprauchet, deutscher Nation ein solch reich zugeben, vnd noch fall des ersten Romischen reychs, ein anders, das itzt steht, auffzurichten. Vnd wie wol wir der Bepste boßheit hyrynnenn nit vrsach geben, noch yhre falsch gesuch vnd meynung vorstandenn, haben wir doch, durch Bepstliche tucke vnd schalckeyt, mit vntzehlichem blut vorgissenn, [M 2ᵃ] mit vnterdruckung vnßer freyheit, mit zusatz vnd raub aller vnßer gutter, ßonderlich der kirchen vnd pfreunden, mit buldenn vnseg=licher triegerey vnnd schmach, solch reych, leyder altzu thewr be=tzalet. Wir haben des reychs namenn, aber der Bapst hat vnßer gut, ehre, leyb, leben, seele, vnd allis was wir haben. ßo sol man die deutschen teuschen, vnnd mit teuschen, teuschenn, das haben die Bepst gesucht, das sie gerne keyßer weren gewest, vnd do sie das nit habenn mocht schickenn, haben sie sich doch vber die keyßer gesetzt.

Die weyl denn, durch gottis geschick vnd boßer menschen gesuch, on vnßer schult, das reych vns geben ist, wil ich nit raten dasselb faren zulassen, ßondern, in gotis forcht ßo lang es yhm gefelt, redlich regiernn. Den wie gesagt, es ligt yhm nichts dran, wo ein reych her kumpt, ehr wils dennoch regiert habenn. Habens die Bepst vnredlich andern genummen, ßo habenn wirtz doch nit vnredlich gewunnen. Es ist vns durch boßwillige menschen auß gottis willen gebenn, den selben wir mehr ansehenn, den der Bepste falsche meynung, die sie darynnen gehabt, selbs keyßer vnd mehr den keyßer zu seyn, vnd vns nur mit dem namen essen vnd spottenn. Der kunig zu Babylonien, hatte sein reych auch mit rauben vnnd gewalt genummenn, dennoch wolte got dasselb geregiret haben, durch die heyligen fursten Daniel, Anania, Asaria, Misael, viel mehr, wil er von den Christen deutschen furstenn, bißes reych geregirt habenn. Es habs der Bapst gestolen obber geraubt, obber vonn news an gemacht, Es ist alles gottis ordnung, wilch ehe ist geschehen, den wir drumb habenn gewist.

Derhalben, mag sich der Bapst vnd die seynen nit rumen, das sie deutscher Nation haben groß gut than, [M 2ᵇ] mit vorleyhen bißes Romischen reyches. Zum erstenn darumb, das sie nichts gutis vns darynnen gonnet haben, sondern haben vnser einfelticheit daryn mißpraucht yhren vbirmut widder den rechten Romischen keyser zu Constantinopel zustercken, dem der Bapst solchs ge=nommen hat, widder got vnd recht, das er kein gewalt hatte. Zum andern, das der Bapst daburch nit vns, sonderu yhm selbs das keyßertumb zuegenn gesucht hat, yhm zu vnterwerffenn all vnßer gewalt, freyheit, gut, leyb vnnd seele, vnnd durch vntz (wo es got nit het gewehret) alle welt. wie das klerlich in seinem Decretaln er selb ertzelet, vnd mit manchen boßen tucken an vielen deutschen keyßern vorsucht hat. Also sein wir deutschen hubsch deutsch geleret, da wir vormeynet herrn zu werden, sein wir der aller listigisten tyrannen knecht worden, haben den namen, titel, vnnd wapen des keyßerthumbs. aber, den schatz, gewalt, recht vnd freyheit des selben hat der Bapst, ßo frist der Bapst den kern, ßo spielen wir mit den ledigen schalen.

Szo helff vns got, der solch reich (wie gesagt) vns durch listige tyrannen hat zugeworffen, vnd zu regieren befolen, das wir auch dem namen, titel vnd wapen folge thun, vnnd vnser freyheit erredten, die Romer ein mal lassen sehen, was wir durch sie von got empfangen haben. Rumen sie sich, sie haben vns ein keyßertumb zugewendet. wolan, ßo sey es also, laß ia seinn, ßo geb der Bapst her, Rom vnd alls, was er hat vom keysertum, laß vnser land frey von seinen vntreglichen schetzen vnnd schinden, geb widder vnßer freyheit, gewalt, gut, ehre, leyb vnd seele, vnd laß ein keyßertumb sein, wie einem keyßertumb gepurt, auff das seinen wortten vnd furgeben gnug geschehe.

Wil er aber das nit thun, was spiegelficht er denn [M 3ᵃ] mit seinen falschen ertichten wortten vnd gespugnissen ist sein nit gnug geweßen durch souiel hundert iar, die eble Nation ßo gröblich mit der naßen vmb zufuren, on alles auffhorenn. Es folget nit, das der Bapst solt vbir den keyßer sein, darumb das er yhn kronet obber macht. dan der prophet sanct Samuel salbet vnd kronet den konig Saul vnd Dauid, auß gotlichem befelh, vnd waren doch yhn vnterthan. Vnnd der prophet Natan salbet den kunig Salomon, war darumb nit vbir yhn gesetzt. Item sanct Eliseus, ließ seiner knecht einen salben den kunig Jhehu von Israel, dennocht blieben sie vnter yhm gehorsam. Vnnd ist noch nie geschehenn in aller welt, das der vbir den kunig weere, der yhn weyhet obber kronet, dan allein durch den eynigen Bapst.

Nu lessit ehr sich selb, drey Cardinel kronenn zum Bapst, die vnter yhm seyn, vnd ist doch nicht deste weniger vbir sie, warumb solt ehr den widder sein eygenn Exempel vnd aller welt vnd schrifft vbung vnnd lere, sich vbir weltlichen gewalt obber keyßertumb erheben, allein darumb, das er yhn kronet obber weyhet. Es ist gnug das er vbir yhn ist, in gotlichen sachen, das ist, in predigen, leren, vnd sacrament reychenn, in wilchen auch ein yglicher Bischoff vnnd pfarrer vbir yderman ist, gleichwie sanct Ambrosius in dem stuel vbir denn keyßer Theodosius, vnd der prophet Natan vbir Dauid, vnd Samuel vbir Saul. Darumb last den beutschenn keyßer recht vnnd frey keyßer seinn, vnnd seine gewalt noch schwerdt, nit nyderdrucken, durch solch blind furgebenn Bepstlicher heuchler, als soltenn sie außgetzogenn vbir das schwerdt regieren in allen dingenn.

¶ Zum .xxvi. [xxvij.] Des sey gnug gesagt, von den geystlichen geprechen, man wirt vnd mag yhr mehr finden, wo diße wurden recht angesehen, wollen auch der

weltlichen einis teylß antzeygen. Zum erſten, were hoch
not, ein gemeyn gebot vnd bewilligung deutſcher Nation,
widder den vbirſchwenglichen vbirfluß, vnd koſt der kleydung,
dadurch ßouiel Adel vnd reychs volcks vorarmet. Hat doch
got vns, wie andern landen gnug geben, wolle, har, flachß,
vnd allis das zur zymlicher, erlicher kleydung einem yglichen
ſtandt redlich dienet, das wir nit bedurfften, ßo grewlichen
groſſen ſchatz, fur ſeyden, ſammet, guldenſtuck, vnd was
der außlendiſchen wahr iſt, ßo geudiſch vorſchutten. Ich
acht, ob ſchon der Bapſt, mit ſeiner vntreglichen ſchindereyi,
vns deutſchen nit beraubet, hetten wir dennoch mehr dan
zuuiel an dißen heymlichen reubern, den ſeyden vnd ſammet
kremern, Szo ſehen wir, das dadurch ein yglicher wil dem
andern gleich ſein, vnd damit hoffart vnd neyd vnter vns,
wie wir vorbienenn, erregt vnnd gemehret wirt, wilchs allis
vnd viel mehr iamer wol nach blieb, ßo der furwitz, vns ließ,
an den guttern von got geben, danckbarlich benugen.

Deſſelben gleychen were auch not, wenigern ſpecirey,
das auch der groſſen ſchiff einis iſt, darynnen das gelt
auß deutſchen landen gefuret wirt. Es wechſt vns yhe
von gottis gnaden, mehr eſſen vnd trincken, vnd ßo koſtlich
vnd gut, als yrgent einem andern land. Ich wirde hie viel=
leicht nerriſch vnd vnmuglich binck furgeben, als wolt ich den
groſten handel, kauffmanſchafft nyder [M 1.ᵇ] legen. Aber
ich thue das meyne, wirts nit in der gemeyne gepeſſert,
ßo beſſer ſich ſelb, wer es thunn wil. Ich ſihe nit vil
gutter ſitten, die yhe in ein land kommen ſein, durch
kauffmanſchafft, vnnd got vortzeitten ſein volck von Iſrael
darumb von dem mehre wonen ließ, vnnd nit viel kauff=
manſchafft treybenn.

Aber das groſſiſt vngluck deutſcher Nation, iſt gewißlich
der zynß kauff, wo der nit weere, muſt mancher ſein ſeyden,
ſammet, guldenſtuck, ſpecerey, vnd allerley prangen wol
vngekaufft laſſen. Er iſt nit viel vbir hundert iar ge=
ſtanden, vnd hat ſchon faſt alle furſten, ſtifft, ſtet, adel
vnd erben in armut, iamer vnd vorterben bracht, ſolt er
noch hundert iar ſtehen, ßo were es nit muglich, das
deutſch land einen pfennig behielte, wir muſten vns gewißlich
vntereinander freſſen, der teuffel hat yhn erdacht, vnnd der

Bapst wehe gethan, mit seinem bestettigen, aller welt. Darumb bit ich, vnd ruff hie, sehe ein yglicher seine eygen, seiner kind vnnd erben vorterben an, das yhm nit fur der thur, sondern schon ym hauß rumort, vnd thu dartzu keyßer, fursten, hern, vnnd stedt, das der kauff nur auffs schirfft werde vordampt, vnd hynfurt erweret, vnangesehen, ob der bapst vnd all sein recht obder vnrecht dawidder sey, es sein lehen obder stifft brauff gegrundet. Es ist besser ein lehen in einer stat, mit redlichenn erbguttern obder tzinß gestifft, den hundert auff den zinßkauff. Ja ein lehen auff dem zinßkauff, erger vnnd schwerer ist, dan zwentzig auff erbguttern. Furwar es muß der zinßkauff, ein figur vnd antzeygen sein, das die welt mit schweren sunden dem teuffel vorkaufft sey, das zugleich, zeytlich vnd geystlich gut vns muß geprechen, noch mercken wir nichts.

Hie must man werlich auch den Fuckern, vnd dergleychen geselschafften, ein zawm ynß maul legen. Wie ists muglich, das solt gotlich vnnd recht zugehen, das bey eynis menschen leben, solt auff einen hauffenn, ßo grosse kuniglich gutter bracht werdenn? Ich weyß die rechnung nit. Aber das vorstehe ich nit, wie man mit hundert gulden mag des iariß erwerben zwentzig, ia ein gulb den andern, vnd das allis, nit auß der erden, obber von dem sihe, da das gut nit in menschlicher witz, ßondern in gottis gebenedeyung stehet. Ich befilh das den weltvorstendigen, Ich als ein Theologus, hab nit mehr dran zustraffen, den das boße ergerlich ansehen, dauon sanct Paulus sagt, Huttet euch fur allen boßen ansehen obder scheyn. Das weyß ich wol, das viel gotlicher weere, acker werck mehren, vnd kauffmanschafft myndern, vnd die viel besser thun, die der schrifft nach, die erden erbeytten, vnd yhr narung drauß suchen, wie zu vns vnd allen gesagt ist, in Adam, vormaledeyet sey die erde, wen du drynnenn erbeytist, sie sol dir distel vnnd dornen tragen, vnd in dem schweyß deynis angesichts soltu essenn dein brot. Es ist noch viel lanndt, das nit vmbtrieben vnd geehret ist.

Folget nach der mißprauch fressens vnd sauffens, dauon wir deutschen, als einem ßondern laster, nit ein gut geschrey haben, in frembden landen, wilchem mit predigen hynfurt nymmer zuratten ist, ßo fast es eingerissen vnd vberhandt genommen hat. Es were der schad am gut das geringst, wen die folgende laster mord, ehbruch, stellen, gottis vnehre vnd alle vntugend nit folgeten. Es mag das weltlich schwert hie etwas weren, sonst wirts gehen, wie Christus sagt, das der iungst tag wirt kummen, wie ein heymlicher strick, wen sie werden trincken vnd essen, freyen vnd bulen, bawen vnd pflantzen, kauffen vnd vor=kauffen wie es dan itzt geht, ßo starck, das ich furwar hoff, der iungst tag sey fur der thur, ob man es wol am wenigsten gedenckt.

[M 2ᵇ] ¶ Zu letzt, ist das nit ein yemerlich ding, das wir Christen, vnter vns sollen halten freye, gemeyne frawen=heußer, ßo wir seynt alle zur keuscheit getaufft. Ich weyß wol was etlich datzu sagen, vnd nit eynis volcks gewon=heit worden ist, auch schwerlich abtzubringen, datzu besser ein solchs, dan ehlich vnd iunpfraw personen, odder noch ehrlicher zuschanden machen. Solten aber hie nit ge=dencken weltlich vnd Christlich regiment, wie man dem selben, nit mit solcher heydnischer weyß mocht furkummen. Hat das volck von Israel mugen bestehen, on solchen vnfug, wie solt das Christen volck nit mugen auch ßouiel thunn? Ja wie haltenn sich viel stedt, merckt, fleck vnd dorffer, on solche heußer, warumb soltens groß stedt nit auch haltenn?

Ich wil aber damit, vnd andern oben angesetzten stucken, angesagt haben, wie viel gutter werck die weltlich vbirkeit thun mocht, vnd was aller vbirkeit ampt sein solt, dadurch, ein yglicher lerne, wie schrecklich es sey, zuregiern vnd oben an sitzenn. Was hulffs das ein vbirher, ßo heylig were fur sich selbs, als sanct Peter, wo er nit den vnterthanen, in dissen stucken, fleyssig zuhelffen gedenckt, wirt yhn doch sein vbirkeit vordammen, dan vbirkeit ist schuldig der vntertanen bestes zu suchen, wen aber die vbirkeyten drauff decht, wie man das iunge volck ehlich zusammen brecht, wurde einem yglichen die hoffnung ehlichs stands, fast wol helffen tragen vnd weeren der anfechtungen. Aber itzt gaht es das iderman zur pfafferey vnd muncherey getzogen wirt, vnter wilchen ich besorg, der hundirst kein

ander vrsach hat, den das gesuch der narung, vnd zweyffel
ym ehlichen leben sich erhalten, drumb sein sie zuuor wild
gnug, vnnd wollen (wie man sagt) außbubenn, ßo
sichs viel mehr hynein bubet, wie die erfarung weyßet.
Ich be-[M 3ᵃ]find das sprichwort warhafftig, das vor=
zweyffeln machet das mehrer teyl munch vnnd pfaffen,
drumb gaht vnd staht es auch, wie wir sehen.

Ich wil aber radten trewlich, vmb vieler sund, die
groblich einreyssen, zu meyden, das widder knab noch meyd-
lin, sich zur keuscheit obber geystlichem leben vorpinde,
vor dreyssig iaren. Es ist auch ein sondere gnad, wie
sanct Pauel sagt. Darumb wilchen got nit sonderlich datzu
bringt, laß sein geystlich werden vnd geloben anstehenn.
Ja weytter sag ich, wen du got ßo wenig trawist, das du
dich nit mugist ym ehlichen standt erneren, vnd allein vmb
desselben mißtrawen, wilt geystlich werden, ßo bit ich dich
selb fur dein eygen seele, du woltist ia nit geystlich werden,
ßondern werde ehe ein bawr, oder was du magist, dan
wo einfeltig traw zu got seinn muß, in zeitlicher narung
zuerlangenn, da muß freylich zehenfeltiges trawen sein,
in geystlichem stande zubleyben. Trawistu nit, das dich
got muge neren zeytlich, wie wiltu ym trawenn, das er
dich erhalte geystlich? Ach der vnglaub vnd mißtraw,
vorterbet all ding, furet vns in alle iamer, wie wir in
allen stenden sehen. Es were wol viel von dem elenden
weßen zusagen, die iugent hat niemand der fur sie sorget.
Es geht ydes hyn, wie es geht, vnd sein yhn die vbirkeyten
eben souiel nutz, als weren sie nichts, ßo doch das solt
die furnehmst sorg des Bapsts, Bischoff, herschafftenn, vnd
Concilia sein. Sie wollen fern vnd weyt regieren, vnnd
doch kein nutz sein. O wie seltzam wiltpret wirt, vmb
disser sachen willen, sein ein herr vnnd vberer, ym hymel,
ob er schon got selb, hundert kirchen bawet, vnd alle todten
aufwecket.

Das sey ditz mal gnug, dan was der weltlichen gewalt
vnd dem Abel zuthun sey, hab ich meyns duncens gnugsam gesagt,
ym buchlen von den guten wercken, dan sie leben auch vnnd
regieren, das es wol besser tuchte, doch ist kein gleychen, welt=
licher vnnd geystlicher mißpreuche, wie ich daselb anzeygt habe.
Ich acht auch wol, das ich hoch gesungen hab, viel dings

furgeben, das vnmug-[M 3ᵇ] lich werd angesehen, viel stuck
zu scharff angriffen, wie sol ich ym aber thun? Ich bin
es schuldig zusagen, kundich, ßo wolt ich auch alßo thunn.
Es ist mir lieber die welt zurne mit mir, den got, man
wirt mir yhe nit mehr, den das leben kunden nehmenn.
Ich hab bißher, viel mal frid angepotten, meynen widder-
sachern, aber als ich sehe, got hat mich durch sie zwungenn,
das maul ymer weytter aufftzuthun, vnd yhnen, weyl sie
vnmuffig sein, zureden, bellen, schreyen vnd schreyben gnug
geben. Wolan, ich weyß noch ein liblen von Rom vnnd von
yhnen, iucket sie das ohr, ich wils yhn auch singen, vnd die
notten auffs hochst stymmenn, vorstehst mich wol liebes Rom,
was ich meyne.

Auch hab ich mein schreyben, viel mal auff erkentniß
vnd vorhor erbotten, das allis nit geholffenn, wie wol auch
ich weyß, ßo mein sach recht ist, das sie auff erden muß
vordampt, vnd allein von Christo ym hymel gerechtfertiget
werdenn, den das ist die gantz schrifft, das der Christen
vnd Christenheit sach, allein von got muß gericht werden,
ist auch noch nie eine, von menschen auff erden gerecht-
fertigt, ßondern, ist altzeit widderpart zu groß vnd starck
gewesen. Es ist auch mein aller groste sorg vnd furcht,
das mein sach mocht vnuordampt bleyben, daran ich ge-
wißlich erkennet, das sie gotte nach nit gefalle. Darumb,
laß nur frisch eynher gahn, es sey Bapst Bischoff, pfaff,
munch, obber gelereten, sie sein das rechte volck, die do
sollenn die warheit vorfolgen, wie sie altzeit than haben.
Got geb vns allen einen Christlichen vorstand, vnd ßonder-
lich dem christlichen Adel deutscher Nation, einenn rechtenn
geystlichen mut, der armen kirchen das beste zuthun,

A M E N.